INFO GUIDE

Ligurien/Piemont

von Robin Sommer

W0179614

Auf der hinteren Umschlaginnenseite finden Sie eine
ausfaltbare Landkarte.

Willkommen in Ligurien und Piemont

Ligurien, das ist vor allem die Riviera, ein Synonym für Urlaub am Meer seit 150 Jahren. Nach Norden geschützt, konnte sich hier im ganzjährig milden Klima eine üppige mediterrane und subtropische Vegetation entwickeln. Dazwischen liegen alte Fischerstädte mit rauem Charme und den langen Sandstränden, die die Region zu einer der begehrtesten im Land gemacht haben. Ganz anders aber als die Adria an der Ostseite des Stiefels ist die Landschaft kleinräumig, die Orte liegen in Buchten und sind durch felsige Kaps getrennt, dahinter beginnen gleich die Berge. Das hat Charme, bringt aber auch Probleme mit sich, denn die Enge wird im Hochsommer zur Überfülle mit staugeplagter Küstenstraße und Badeanstalten, die dicht an dicht die Strände belegen.

Landschaftlicher Höhepunkt ist die Cinque Terre östlich von Genua – dieser felsige Küstenstreifen besitzt zwar keine Strände, dafür aber malerische Weinterrassen und Fischerdörfer, die extreme Steilhänge hinaufklettern. Nur wenige Urlauber trifft man im dicht begrünten Hinterland der Riviera mit alten Bergorten

Inhalt

◁ *Das malerische Fischerdorf Camogli östlich von Genua*

und Tropfsteinhöhlen. Das große Genua mit seiner morbiden Altstadt, den prachtvoll restaurierten Palazzi und dem neu gestalteten Hafen voller Attraktionen setzt einen aufregenden Kontrapunkt.

Die große Region Piemont liegt zwischen Alpen und Apennin. Die alte Residenzstadt Turin hat sich für die Olympischen Winterspiele von 2006 herausgeputzt – barocke Prunkbauten, klassische Cafés und lange Boulevards mit Arkadengängen bestimmen das Stadtbild. Südlich der Stadt liegen die stimmungsvollen Weinlandschaften Monferrato und Langhe. Die dunstverhangenen Rebhänge mit ihren mittelalterlichen Dörfern und Burgen erinnern an die Toskana und sind Geburtsort der weltbekannten Tropfen Barolo und Barbaresco. Auch die kostbaren Trüffelpilze *tartufi* gedeihen hier und werden in den zahlreichen Landrestaurants serviert, die zweifellos zu den besten in Italien gehören.

Fazit: Für italophile Gourmets ist das Piemont ein Muss, die Riviera ist es wegen ihrer wunderschönen Küstenlandschaft voller Tradition. Beides ergänzt sich zu einer wunderbaren Einheit. Willkommen in Ligurien und Piemont!

Vielleicht der schönste Ort der Cinque Terre: Vernazza

2   Chronik
Daten zur Geschichte

200 000 v. Chr.	Die frühesten Spuren menschlicher Besiedlung wie Ritzzeichnungen, Steinwerkzeuge, Kultgegenstände, Skelettreste wurden in den Höhlen von Balzi Rossi kurz vor der heutigen französischen Grenze entdeckt.
10 000 v. Chr.	Prähistorische Fußspuren in den Grotten von Toirano lassen sich auf diese Zeit datieren.
8.–6. Jh. v. Chr.	Ligurische Stämme siedeln im westlichen Oberitalien und werden von den einfallenden Kelten und den Etruskern in den schmalen Rivierabogen gedrängt.
3./2. Jh. v. Chr.	Die Ligurer verbünden sich mit den Karthagern Hannibals, der über die Alpen zieht und Rom bedroht. Nur das heutige Genua kämpft auf der Seite Roms. Die Römer unterdrücken mit großen militärischen Anstrengungen den Widerstand der Ligurer.
2. Jh. v. Chr.	Die Römer besetzen Oberitalien als strategisch wichtigen Ausgangspunkt für weitere Landnahmen in Europa und ernennen es zur Provinz *Gallia cisalpina*.
1. Jh. n. Chr.	Zahlreiche Militärsiedlungen schützen im heutigen Piemont und Ligurien die römischen Heerstraßen nach *Gallia transalpina* (Gallien jenseits der Alpen), darunter *Augusta Taurinorum* (Turin), *Hasta* (Asti), *Segusium* (Susa), *Albingaunum* (Albenga), *Albintimilium* (Ventimiglia) und *Segesta Tigulliorum* (Sestri Levante).
395	Teilung des Römischen Reiches in Ostrom mit der Hauptstadt Byzanz und Westrom mit der Hauptstadt Rom.
5./6. Jh.	Im Zuge der Völkerwanderung fallen Hunnen, Westgoten und Langobarden in die römischen Gebiete ein. Die Ostgoten unter Theoderich übernehmen als Statthalter Ostroms die Herrschaft im Weströmischen Reich, auch Ligurien wird byzantinisch mit Genua als Hauptstadt.
568–774	Die Langobarden übernehmen die Macht in Oberitalien; im Piemont werden die alten Römerstädte gegen die Burgunder neu befestigt.
774–800	Der vom Papst zu Hilfe gerufene Frankenkönig Karl der Große erobert das Langobardenreich.
9./10. Jh.	Die vom Meer kommenden Sarazenen (arabische Piraten) plündern Ligurien und das Piemont, Genua wird zerstört. 935 schlagen die vereinten Flotten von Genua, Albenga, Noli und Ventimiglia die

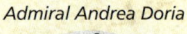

Admiral Andrea Doria

Sarazenen. In einer Allianz mit der Stadtrepublik Pisa gelingt deren endgültige Vertreibung.

Ab dem 11. Jh. Mit der Teilnahme an den Kreuzzügen steigt Genua zur Großmacht auf und besitzt Handelsniederlassungen im östlichen Mittelmeer. Es unterwirft den gesamten Rivierabogen, nur Savona leistet bis 1542 Widerstand. Im Piemont steigen durch Erbfolge die Savoyer auf und erhalten die Markgrafschaft Turin als Lehen. Die Städte werden zu freien Stadtrepubliken und gründen den Städtebund *Lega Lombarda* (Lombardische Liga).

1176–83 Die Lombardische Liga schlägt Kaiser Friedrich Barbarossa in der Schlacht von Legnano, 1183 muss er im Frieden von Konstanz die Freiheit der Kommunen anerkennen.

13./14. Jh. Genua verliert seine Unabhängigkeit und wird im Wechsel von Frankreich (Savoyen) und Mailand regiert, gelangt aber zwischenzeitlich immer wieder zur Unabhängigkeit. 1407 wird das erste Bankhaus (Banco di S. Giorgio) gegründet, Genua wird wirtschaftlich mächtig.

16. Jh. Admiral Andrea Doria koaliert mit den Spaniern, die Bankiers Genuas werden zu wichtigen Geldgebern des spanischen Königshauses. Die Unabhängigkeit Genuas kann so wieder hergestellt werden, die Republik gelangt zu neuer Blüte. Das Piemont wird fast vollständig von den Franzosen erobert, die Savoyer werden entmachtet.

1563 Die Savoyer erhalten ihr Herzogtum zurück, Hauptstadt wird Turin.

1701–14 Im Spanischen Erbfolgekrieg schlagen sich die Savoyer auf die Seite Habsburgs. Die Franzosen belagern Turin, Prinz Eugen, der »edle Ritter« und selber gebürtiger Savoyer, eilt zu Hilfe, die Franzosen werden geschlagen.

1718 Das Haus Savoyen-Piemont wird zusammen mit Sardinien zum Königreich Sardinien-Piemont, Turin wird Königsresidenz und im absolutistischen Stil prunkvoll ausgebaut.

1800–05 In der Schlacht von Marengo (1800) besiegt Napoleon die Habsburger und besetzt das Piemont. 1805 wird auch Ligurien erobert, damit endet das Zeitalter der freien Seerepublik Genua.

Prinz Eugen von Savoyen

1815 Nach der Niederlage Napoleons wird Ligurien beim Wiener Kongress dem Königreich Sardinien-Piemont angegliedert. Den Habsburgern wird der gesamte östliche Teil Oberitaliens zugesprochen.

1821–61 Die italienische Einigungsbewegung, das *Risorgimento*, kämpft für die Einigung Italiens und gegen die

Ansicht von Genua in der Schedelschen Weltchronik (1493)

Fremdherrschaft der Habsburger. Der savoyische König Carlo Alberto I. kommt dem aufständischen Mailand zu Hilfe und wird vernichtend geschlagen. Er dankt zugunsten von Vittorio Emanuele II. ab. Das Königreich Sardinien-Piemont wird zur Keimzelle des ersehnten italienischen Staates, Ministerpräsident Camillo Benso Grav von Cavour (1810–61) zum Architekten der Einigung. Durch geschickte Bündnispolitik erreicht er, dass die Großmächte der Einigung Italiens zustimmen.

Dem legendären Revolutionär Giuseppe Garibaldi gelingt es mit seinem »Zug der Tausend«, der in Genua beginnt und im Mai 1860 in Sizilien landet, den bourbonischen König von Neapel zu schlagen. Frankreich ist mit dem Kirchenstaat verbündet und stimmt der italienischen Einigung unter der Bedingung zu, dass Rom unabhängig bleibt. Am 17. März 1861 wird der Piemontese Vittorio Emanuele II. zum ersten König Italiens ausgerufen, Turin wird die erste Hauptstadt des Reiches.

1870/71 Im Deutsch-Französischen Krieg ziehen die Franzosen ihre Truppen aus Rom ab, das damit ins italienische Königreich integriert und umgehend zur Hauptstadt ernannt wird.

1899 Giovanni Agnelli gründet in Turin die »Fabbrica Italiana Automobili Torino«, die unter dem Namen FIAT zum größten Automobilhersteller Italiens wird und Turin zur Industriemetropole macht.

1914–18 Im Ersten Weltkrieg wechselt Italien aus dem Lager der Mittelmächte auf die Seite der Alliierten. Die Front verläuft deshalb im Osten Oberitaliens an der Grenze zu Österreich/Ungarn, Ligurien und Piemont bleiben verschont.

1922–45 Mussolini errichtet nach dem Marsch auf Rom ein faschistisches Regime in Italien. Im Zug des Vorrückens der Alliierten von Süditalien her wird er 1943 entmachtet, von den

Deutschen jedoch als Marionette für die faschistische Republik von Salò eingesetzt. In Oberitalien kommt es zu heftigen Partisanenkämpfen, vor allem das Piemont wird zu einer Hochburg der sog. *Resistenza.*

1946 Die Republik Italien wird ausgerufen. Das Haus Savoyen wird wegen der Kollaboration mit den Faschisten aus Italien verbannt. Der letzte Spross, Emanuele Filiberto, darf erst 2002 wieder einreisen.

1960–70 In Turin kommt es bei Fiat zu Arbeiteraufständen, in deren Folge die Terrorgruppen der *Brigate Rosse* (Roten Brigaden)

Werbung für den »Fiat Cinquecento« als italienische Trikolore

entstehen, die mehrere Attentate auf leitende Fiatmanager begehen.

1970 Das Piemont wird zur selbstständigen Region.

1993 Die politisch rechts stehende Lega Nord erringt große Wahlerfolge in Norditalien (vor allem Venetien) und fordert die Abspaltung des Nordens vom restlichen Italien.

2001 Der Medienunternehmer Berlusconi, Gründer der Rechtspartei Forza Italia, wird Regierungschef. Trotz laufender Prozesse gelingt es ihm gegen den Widerstand der Justiz im Parlament Gesetze verabschieden zu lassen, die ihn vor Strafverfolgung schützen.

2006 Fiat-Chef Gianni Agnelli gelingt es, die XX. Olympischen Winterspiele überraschend ins Piemont zu holen. Turin wird mit großem Aufwand restauriert und modernisiert.

Im Frühjahr ist die Ära Berlusconi zu Ende. Bei den Parlamentswahlen im April siegt das Mitte-Links-Bündnis von Romano Prodi mit hauchdünner Mehrheit. Ende 2006 werden die italienischen Truppen aus dem Irak abgezogen.

2007 Bei den Kommunal- und Regionalwahlen vom Mai legt das Bündnis von Silvio Berlusconi wieder zu. Die Rechte erringt die absolute Mehrheit in 13 Regionalhauptstädten, die vor allem im wohlhabenden Norden des Landes liegen, die Linke lediglich in fünf. Ausschlaggebend ist dabei wohl vor allem der Unmut über unpopuläre Steuererhöhungen der Prodi-Regierung.

2009/2010 Das italienische Verfassungsgericht spricht Berlusconi die Immunität ab. Doch schon wenig später erreicht er die Verabschiedung eines Gesetzes, das es ihm erlaubt, laufende Gerichtsverfahren bis zu drei Mal für ein halbes Jahr auszusetzen, das heißt, er erhält bis zu 18 Monaten Aufschub. Im Oktober 2010 wird Berlusconi erneut wegen Steuerhinterziehung angeklagt.

Stadttouren durch Genua/Genova

Von der Piazza De Ferrari durch die Altstadt und über Genuas Prachtstraßen

Wenn es einen Wettbewerb um »Italiens interessanteste Hafenstadt« gäbe, würde Genua ganz weit vorne landen. Die ehemalige Seerepublik, die jahrhundertelang mit Venedig um den Einfluss im Mittelmeer rang, ist heute mehr denn je eine Reise wert. Die monumentale Architektur im klassizistischen Zentrum um Piazza De Ferrari und Via XX Settembre und als Gegenpol dazu die größte zusammenhängende Altstadt Europas, der gewaltige Hafen und das herrliche Umfeld mit den dicht bewaldeten Rivierahängen und malerischen Küstenorten, all das macht Genua zu einer der aufregendsten Städte Italiens.

Vom 16. bis 18. Jahrhundert gehörte Genua dank der klugen Bündnispolitik des Admirals Andrea Doria zu den reichsten Städten Europas. Die Hinterlassenschaften dieser großen Zeit sind im Stadtbild bis heute noch überall zu erkennen. Im 20. Jahrhundert war der alte Ruhm jedoch lange verblasst, Genua galt als heruntergekommen und ge-

Der bedeutendste Platz in Genua: die Piazza De Ferrari

fährlich, Touristen wurden vor einem Aufenthalt gewarnt, man rümpfte die Nase über die chaotische Hafenstadt mit ihrer neapolitanisch anmutenden Kleinkriminalität, den Drogenproblemen, ihren illegalen Einwanderern und der verrotteten Bausubstanz im Centro storico. Doch das alles hat sich radikal geändert, seit die ligurische Metropole 2004 zur europäischen Kulturhauptstadt avancierte. In einer jahrelangen, gewaltigen Kraftanstrengung wurden weite Teile der Innenstadt renoviert, zahlreiche historische Palazzi von Kopf bis Fuß restauriert und der vernachlässigte Hafen modern und besucherfreundlich ausgebaut. Genua kann nun wieder stolz die Schätze seiner langen Geschichte präsentieren, dazu gibt es zahlreiche neue Attraktionen, darunter das hochmoderne Meerwasseraquarium, das zu den größten in Europa zählt.

Machtvoll und imponierend in ihrer Großzügigkeit zeigt sich die weite **Piazza De Ferrari**, das Zentrum der klassizistischen Neustadt, mit ihren eleganten Springbrunnen und den repräsentativen Gebäuden im Umkreis, darunter die **Accademia Ligustica di Belle Arti** und das Opernhaus **Teatro Carlo Felice**. Am Platz beginnt die prachtvolle **Via XX Settembre**, wo man im Schatten mächtiger Arkaden wunderbar flanieren und Kaufhäuser und elegante Geschäfte besuchen kann. Das mittelalterliche Stadttor **Porta Soprana** steht südlich der Piazza De Ferrari. Hier arbeitete der Vater von Christoph Kolumbus als Torwächter und in der nebenstehenden **Casa di Cristoforo Colombo** soll der Amerikafahrer geboren worden sein (allerdings wurde das Haus im 18. Jahrhundert neu errichtet und es gibt noch mehrere »Geburtshäuser«, nicht nur in Genua).

Der **Palazzo Ducale** an der Seitenfront der Piazza De Ferrari ist der einstige Regierungspalast der Dogenrepublik. Er stammt aus dem Mittelalter, wurde aber bei einem Brand im 18. Jahrhundert fast völlig zerstört und wieder neu aufgebaut. Sein weitläufiges Untergeschoss ist frei zu-

Der Genueser Dom San Lorenzo

gänglich. Im obersten Stockwerk liegt ein Terrassencafé mit schönem Blick. Die eigentliche Hauptfassade des Palazzo wendet sich der ruhigen **Piazza Matteotti** zu. Von dort erreicht man auf einer breiten Fußgängerzone den **Dom San Lorenzo**. Die romanische Säulenbasilika zeigt sich prächtig restauriert im schwarz-weißen Streifenmuster, im Hauptportal ist das Martyrium des heiligen Laurentius dargestellt – der Schutzpatron der Kirche wurde im 3. Jahrhundert unter Kaiser Valerian bei lebendigem Leib auf dem Rost verbrannt.

Eindrucksvoll ist der prunkvolle Innenraum mit romanischen Rundsäulen und schwarz-weiß gestreiften Bögen. Neben einem Kreuzigungsrelief aus Marmor steht im rechten Seitenschiff eine Granate des letzten Weltkriegs, die das Dach durchschlug, aber nicht explodierte. Auf der ande-

aC3

ren Seite liegt die reich geschmückte Cappella di San Giovanni Battista (Johannes der Täufer), in einer Urne wurde hier einst die vermeintliche Asche des Täufers verwahrt, die im 11. Jahrhundert aus Palästina nach Genua gelangte. Ebenfalls im linken Seitenschiff findet sich der Zugang zum **Museo del Tesoro** mit dem Domschatz.

aC3/4

Hinter dem Palazzo Ducale gelangt man zur hübschen kleinen **Piazza San Matteo** mit der gleichnamigen romanischen Kirche und den schwarz-weiß gestreiften Stadtpalästen der Adelsfamilie Doria, die jahrhundertelang die genuesische Flotte befehligte. Der Admiral Andrea Doria (1466–1560) bereitete den Schulterschluss mit dem mächtigen Spanien vor und gab Genua eine aristokratische Regierungsform, die lange stabil blieb. Er liegt in der Krypta des üppig verzierten Kirchleins begraben.

Zwischen Piazza De Ferrari und dem Hafen erstreckt sich die weitläufige und verwirrend unübersichtliche Altstadt mit ihren verwinkelten, »Carrugi« genannten Gässchen. Roter Faden ist die kilometerlange Hauptgasse na-

aA2–
aC3

mens **Carrugio Lungo**, die sich parallel zur Uferfront durch die Altstadt zieht (auf dem Stadtplan: Via Santa Luca, Via di Fossatello, Via del Campo und Via di Prè). Zwischen den hohen Häuserfronten kann man sich einfach treiben lassen, es gibt immer etwas zu sehen, das Straßenleben und die zahllosen Läden und Lädchen offenbaren das volkstümliche Genua.

Die frühere Atmosphäre von Verfall und Schmutz hat vielerorts einer freundlicheren Stimmung Platz gemacht, das Viertel wurde auch verkehrsberuhigt und keine röhrenden Vespas erschrecken die Besucher. Abends sollte man trotzdem etwas Vorsicht walten lassen und sich nur auf den größeren Straßen aufhalten, denn Drogenhandel und Prostitution sind noch verbreitet.

Das Südende des Carrugio stellt die kleine **Piazza Bianchi** mit der hübschen **Loggia dei Mercanti** dar, in der oft Ausstellungen und dergleichen stattfinden. In Richtung Meer kommt man hier schnell auf die Hafenstraße Via Antonio Gramsci (siehe Porto Antico). Im Zentrum der Altstadt liegt der **Palazzo Spinola** aus dem 16. Jahrhundert mit der Galleria Nazionale. Und am Nordende des Carrugio kann man zum Hauptbahnhof **Stazione Principe** hinaufsteigen, an dessen Vorplatz das mächtige Denkmal von **Christoph Kolumbus** thront.

Die **Via Balbi**, eine der drei Genueser Prachtstraßen, führt oberhalb der Altstadt vom Hauptbahnhof, vorbei am **Palazzo Reale**, dem ehemaligen Königspalast der savoyisch-piemontesischen Herrscher (Königreich Sardinien-Piemont), zum **Largo della Zecca**. Dort liegt die Talstation des Funicolare, der Standseilbahn auf den Aussichtspunkt **Righi** 300 Meter über der Stadt. Nicht weit entfernt verbirgt sich hinter der klassizistischen Fassade der Kirche **Santissima Annunziata** eine unglaubliche Vielfalt an barocken Malereien und Skulpturen.

Die **Via Cairoli** mündet in die Fußgängerzone **Via Garibaldi**, deren repräsentative Palazzi wunderbar restauriert wurden, so dass man einen hervorragenden Eindruck vom Glanz der alten Genueser Adelsmeile erhält. Besichtigen kann man den **Palazzo Bianco** und gegenüber in leuchtendem Rot den **Palazzo Rosso**. Beide beherbergen große Gemäldegalerien mit hauptsächlich genuesischen und venezianischen Künstlern, aber auch die Flamen sind vertreten, u.a. natürlich Rubens. Weiter auf der Via Garibaldi und über die Via XXV Aprile zurück gelangt man zum Ausgangspunkt, der Piazza De Ferrari.

Porto Antico, der alte Hafen

Das zentrale Hafengebiet unterhalb der Altstadt um die weite, nach allen Seiten offene **Piazza Caricamento** war jahrzehntelang völlig vernachlässigt worden. Doch zum 500-jährigen Jubiläum der Entdeckung Amerikas im Jahr 1992 ging man daran, den Porto Antico unter Federführung des Stararchitekt Renzo Piano zu einer modernen Kultur- und Vergnügungsmeile umzugestalten.

Unbestrittener Höhepunkt der neuen Hafensehenswürdigkeiten ist das einzigartige **Acquario di Genova**, das zu den meistbesuchten Attraktionen Italiens gehört. Weitere Besuchermagneten sind der Nachbau einer spanischen Galeere namens »Galeone Neptune«, der futuristisch wirkende **Il Bigo**, eine 40 Meter hohe Krankonstruktion mit Aufzug, die beliebte **Citta dei Bambini** und das große Museum **Galata Museo del Mare**. ✵

Service-Informationen zu Genua

Mit der **Card Musei** kann man bis zu 22 Museen besuchen – die entsprechenden Museen sind im Folgenden mit * gekennzeichnet, außerdem erhält man Ermäßigungen, darunter bei Acquario di Genova, Città dei Bambini und Bigo. Die Karte kostet für 24 Stunden € 12, für 48 Stunden € 16, mit Busbenutzung € 13,50 bzw. € 20. Verkauf in den angeschlossenen Museen, beim Kiosk »Genovainforma« auf der Piazza Matteotti und im Palazzo Ducale. Informationen unter www.museidigenova.it.
Die Angaben bei den Eintrittspreisen beziehen sich auf Erwachsene und Kinder (von 4 bis 12 Jahren), über 65-Jährige erhalten oft ebenfalls eine Ermäßigung.

 i **IAT Besucherzentrum**
Via Garibaldi 12, I-16124 Genova
ⓒ 010 557 29 03, www.genova-turismo.it
Mo–Fr 9–13 und 14–18 Uhr
Zweigstellen:
– Teatro Carlo Felice, Piazza de Ferrari
 ⓒ 010 860 61 22
Tägl. 9–13 und 14.30–18.30 Uhr
– Porto Antico
 Infokiosk am Piazzale Mandraccio
ⓒ 010 24 87 11
Tägl. 9–18.30 Uhr
– Aeroporto Cristoforo Colombo
 ⓒ/Fax 010 601 52 47
Tägl. 9–13 und 13.30–17.30 Uhr

 Accademia Ligustica di Belle Arti *
Largo Pertini 4 (Piazza De Ferrari)
ⓒ 010 56 01 31, www.accademialigustica.it
Di–Fr 14.30–18.30 Uhr, Sa/So/Mo geschl., Eintritt € 5
Die Kunstakademie zeigt eine umfangreiche Sammlung ligurischer Künstler mit Schwerpunkt 16. und 17. Jh.

 Galata Museo del Mare *
Calata De Mari 1 (Darsena – Via Gramsci)
Porto Nuovo, nördlich vom Porto Antico
ⓒ 010 234 56 55, www.galatamuseodelmare.it
März–Okt. tägl. 10–19.30 (Eintritt bis 18 Uhr), übrige Zeit Di–Fr 10–18 (Eintritt bis 17 Uhr), Sa/So 10–19.30 Uhr (Eintritt bis 18 Uhr), Eintritt € 11/6
Das im Kulturjahr 2004 eröffnete Meeres- und Schifffahrtsmuseum ist das größte seiner Art im Mittelmeerraum. In 6000 Exponaten zeigt es die Geschichte der Seefahrt vom Mittelalter bis zur Dampfschifffahrt. Besonders eindrucksvoll ist die Rekonstruktion einer genuesischen Galeere aus dem 17. Jh.

 Museo d'Arte Orientale Edoardo Chiossone *
Villetta Di Negro, Piazzale Mazzini 4
ⓒ 010 54 22 85

Di–Fr 9–19, Sa/So 10–19 Uhr, Mo geschl.
Eintritt € 4, ab 65 Jahren € 2,80, unter 18 Jahren frei
Die Sammlung orientalischer Kunst wurde vom Maler
Edoardo Chiossone zusammengetragen, der fast 20 Jahre lang in Japan lebte.

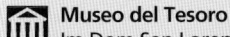 Museo del Tesoro *
Im Dom San Lorenzo

℗ 010 247 18 31, www.museosanlorenzo.it
Mo–Sa 9–12 und 15–18, jeden 1. So im Monat 15–18 Uhr
Eintritt € 6
Prunkstück der Pretiosensammlung ist der »Sacro Catino«, eine sechseckige, smaragdgrüne Glasschale, von der behauptet wird, dass sie von Christus beim heiligen Abendmahl verwendet wurde. Wahrscheinlich stammt sie jedoch aus dem arabischen Kulturraum und wurde im 9. Jh. gefertigt.

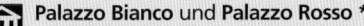 Palazzo Bianco und Palazzo Rosso *
Via Garibaldi 11 und 18

℗ 010 55 72 193, ℗ 010 557 49 72
Di–Fr 9–19, Sa/So 10–19 Uhr, Mo geschl.
Kombiticket € 8
Zwei hochkarätige Galerien mit Werken von Dürer, Veronese, Filippo Lippi, Tintoretto, Rubens, Van Dyck u. v. a.

Palazzo Reale *
Via Balbi 10

℗ 010 271 02 36, www.palazzorealegenova.it
Do–So 9–19, Di/Mi 9–13.30 Uhr, Mo geschl.
Eintritt € 4, 18 bis 25 Jahre € 2
In den opulent ausgestatteten Innenräumen ist eine weitere große Gemäldegalerie untergebracht. Der schöne Hofgarten (Eintritt frei) besitzt eine Terrasse, von der man auf den Hafen blicken kann.

Palazzo Spinola/Galleria Nazionale *
Piazza Pellicceria 1, Centro storico

℗ 010 270 53 00, www.palazzospinola.it
Di–Sa 8.30–19.30, So 13.30–19.30 Uhr, Eintritt € 4
Bis heute sind das Originalmobiliar und die ursprünglichen Wandmalereien erhalten geblieben, besonders schön ist der Spiegelsaal. Außerdem befindet sich hier eine Gemäldesammlung mit frühen italienischen und flämischen Meistern.

Acquario di Genova
Ponte Spinola, Porto Antico
℗ 010 248 80 11, Fax 25 61 60, www.acquariodigenova.it
Juli/Aug. tägl. 8.30–22 (Einlass bis 20.30 Uhr), sonst Mo–Fr 9–19.30 (Einlass bis 18 Uhr), Sa/So 9–20.30 Uhr (Einlass bis 19 Uhr), Eintritt € 20/16, ermäßigt mit Card Musei
In dem riesigen Meerwasserzoo, dem zweitgrößten Aquarium Europas, tummeln sich Tausende von Fischen, dazu

Pinguine, Delphine, Robben, Schildkröten, Krokodile u.v.m. Eindrucksvoll hat man die verschiedenen Unterwasserlebensräume nachgestellt: Tropen, Pazifik, Indischer Ozean, Mittelmeer, Rotes Meer, Korallenriffe u.a. Einen Höhepunkt bilden die großen Säulenaquarien mit schwebenden Tiefseequallen.

 »Galeone Neptune«
Ponte Morosini, Porto Antico
Tägl. 10–18 Uhr
Eintritt € 6/4
Das stilechte Segelschiff wurde 1982 für Roman Polanskis Film »Piraten« in Originalgröße nachgebaut.

Il Bigo `aC2`
Calata Cattaneo, Porto Antico
www.acquariodigenova.it/bigo
Juni–Aug. Di–So 10–23, Mo 16–23, März–Mai, Sept./Okt. Di–So 10–18, Mo 14–18 Uhr
Eintritt € 4/2,50, ermäßigt mit Ticket für das Acquario oder Card Musei

Nachbau einer spanischen Galeere im Porto Antico in Genua

Südlich vom Aquarium reckt diese Kran-Konstruktion ihre stählernen Arme in die Höhe. Von einer zylindrischen Panoramakapsel aus kann man den Blick über Hafen und Stadt genießen.

  La Città dei Bambini
Calata Molo Vecchio, Porto Antico
☎ 010 247 57 02, www.cittadeibambini.net
Tägl. außer Mo 10–18 Uhr (Einlass bis 16.45 Uhr)
Eintritt € 5/7 (Kinder bis 2 Jahre € 5), ermäßigt mit Card Musei
In den *Magazzini del Cotone*, in denen früher Baumwolle gelagert wurde, bietet dieser Erlebnis- und Spielpark interaktive Spielwelten, Ausstellungen und andere Attraktionen für Kinder von 2–14 Jahren.

  Funicolare und Ascensori
Mit dem *funicolare* (Standseilbahn) fährt man ab Largo della Zecca auf den Stadthügel Righi und erlebt Genua von oben. Alternativ dazu gibt es insgesamt zehn historische *ascensori* (Aufzüge) in die Oberstadt, der schönste fährt von der Piazza del Portello zum Aussichtspunkt Belvedere Castelletto.

  Hafenrundfahrt
Consorzio Liguria Viamare, Via Sottoripa 7/8
☎ 010 26 57 12
www.liguriaviamare.it

Rundfahrt durch den Alten Hafen täglich 9.30 Uhr ab Ponte Spinola beim Aquarium, Preis € 7.50.

 Le Cantine di Squarciafico
Piazza Invrea 3/r
☏ 010 247 08 23
www.squarciafico.it
Die frühere Zisterne in einem Kellergewölbe beim Dom bietet eine große Weinauswahl und interessante Gerichte, dazu ertönt oft klassische Musik. €€

 Da Maria
Vico Testadoro 14/r, vor der Piazza Fontane Marose
☏ 010 58 10 80
So geschl.
Ein Ausflug in die Vergangenheit. Die schlichte, immer gut besuchte Osteria auf zwei Stockwerken steht seit einem halben Jahrhundert unter der Regie von Maria Manté, seitdem hat sich nicht allzu viel verändert. Wer im Trubel unten keinen Platz findet, geht die Treppe hinauf. Günstiges Touristenmenü. €

 Mercato Orientale
Via XX Settembre, gegenüber der Einmündung der Via D. Fiasella
Die immer gut besuchte Markthalle bietet Kulinaria in Hülle und Fülle, vor allem Obst und Gemüse – ein Erlebnis fürs Auge.

 Pansön dal 1790
Piazza delle Erbe 5/r
☏ 010 246 89 03
So Abend geschl.
Gepflegtes Fischrestaurant an einer netten Altstadtpiazza, auch zum draußen Sitzen. €€

Sa Pesta
Via dei Giustiniani 16/r, parallel zur Via San Lorenzo
☏ 010 246 83 36
So geschl.
Das historische Farinata-Lokal wird aufmerksam und freundlich geführt. Man sitzt auf Hockern in zwei weißgrün gekachelten Speiseräumen, berühmt ist neben den *farinate* auch das hausgemachte *pesto*, außerdem gibt es gefülltes Gemüse, *baccalà* (Stockfisch) und vieles mehr. Abends ist Reservierung obligatorisch.

Fratelli Klainguti
Piazza Soziglia 98/r
So geschl.
Die traditionsreiche *pasticceria* in der Altstadt gibt es schon seit 1828, Giuseppe Verdi war hier gerne zu Gast. Reichhaltige Auswahl an hausgemachten Kuchen und Eis. ✳

Von der Piazza di Castello durch das mittelalter-liche Viertel und zum Po

Die Residenzstadt der savoyischen Herrscher und zeitwei-lige Hauptstadt Italiens (1861–65) zeigt sich im Zentrum voll barocker Eleganz und Monumentalität. Für die XX. Olympischen Winterspiele von 2006 wurde vieles restau-riert, so dass die Ein-Millionen-Metropole am Fuß der Alpen nach früherer Vernachlässigung nun wieder ein ausgesprochen aristokratisch-repräsentatives Stadtbild besitzt. Kilometerlange, schnurgerade und rechtwinklig zueinander verlaufende Straßenzüge mit breiten Lau-

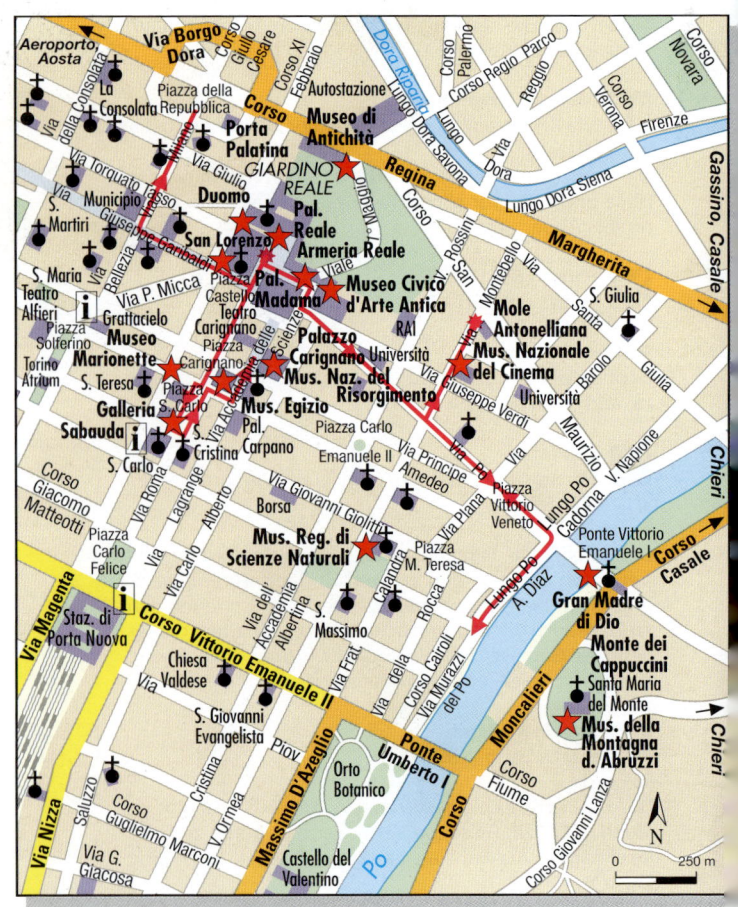

Piazza San Carlo in Turin

bengängen und prächtigen Palazzi prägen die Erscheinung der barocken Planstadt, die allerdings auch die entsprechende Verkehrsdichte aufweist.

Dass Turin eine der großen Industriemetropolen Italiens ist, merkt man in der Innenstadt in keiner Weise. Die Fabrikationshallen von Fiat (Fabbrica Italiana Automobili Torino) liegen weit außerhalb, auch die mehr als 200 000 Angestellten leben großteils in den südlichen Vorstädten. Fiatchef Gianni Agnelli (gest. 2003) gelang es, die XX. Olympischen Winterspiele 2006 nach Turin zu holen, seitdem hat die Stadt u.a. einen neuen Bahnhof und ihre erste U-Bahn-Linie erhalten.

Die zentrale, autofreie **Piazza Castello** liegt vor dem **Palazzo Reale**, dem einstigen Königsschloss. Seit den Siegerehrungen der Olympischen Winterspiele von 2006 wird sie »Medal Plaza« genannt. Der Palast kann besichtigt werden, der Park hinter dem Schloss ist frei zugänglich. Unter den Arkaden an der Ostseite der Piazza liegt der Eingang zur **Armeria Reale**, einer der größten Waffensammlungen der Welt.

Die verschwenderisch ausgestattete Kirche **San Lorenzo** ist an der westlichen Platzseite in die Häuserfronten integriert. Mitten auf der Piazza steht der eigentümliche **Palazzo Madama**, ursprünglich eine mittelalterliche Burganlage, die vom berühmten Stadtarchitekten Filippo Juvarra barock umgestaltet, aber nie vollendet wurde. Höhepunkt ist das monumentale Treppenhaus, das zum **Museo Civico d'Arte Antica** mit Kunst aus Spätantike, Mittelalter und Renaissance hinaufführt. An der Südwestecke der Piazza liegt das **Caffè Mulassano**, eins der klassischen Caféhäuser der Stadt.

bA3

Den **Duomo San Giovanni Battista** erreicht man durch einen Durchgang neben dem Palazzo Reale. Er bewahrt eine der wertvollsten Reliquien der katholischen Kirche auf, die **Sacra Sindone**, das weltberühmte »Grabtuch von Turin« – es wird gesagt, dass der Leichnam Jesu Christi nach seiner Kreuzigung darin eingehüllt worden sein soll. Das Originaltuch wird jedoch nur höchst selten öffentlich ausgestellt (das nächste Mal erst 2025), stattdessen kann man eine Kopie betrachten, auf der die Körperumrisse eines bärtigen Mannes mit gekreuzten Händen und Füßen zu erkennen sind.

bA3

Ganz in der Nähe des Doms findet man römische Ausgrabungen, darunter die vierbogige **Porta Palatina**, das einstige Haupttor der Stadtmauer. Das hübsche mittelalterliche Viertel Turins, **Quadrilatero Romano** genannt, liegt westlich der Piazza Castello zwischen der langen Fußgängerzone Via Garibaldi und der Piazza Repubblica.

bB3/4

Die von Laubengängen flankierte **Via Po** führt zur lang gestreckten **Piazza Vittorio Veneto** kurz vor dem Po. Wegen der nahen Universität findet man hier immer viele junge Leute und gut besuchte Cafés. Kurz nach der großen Piazza Vittorio Veneto erreicht man den Po. Im Sommer sind die Kais namens **Murazzi del Po** das Zentrum des Turiner Nachtlebens. Eng an eng sind Dutzende von Discos, Clubs und Pubs in die Uferbefestigungen gebaut, die Turiner treffen sich dort allabendlich.

bB4

bC3

Nördlich der Via Po erhebt sich die faszinierende **Mole Antonelliana**, der sog. »Eiffelturm Turins«. Das 167,50 Meter hohe Gebäude sollte ursprünglich eine 40 Meter hohe Synagoge werden, doch der ehrgeizige Architekt Alessandro Antonelli baute immer höher, setzte einen griechischen Tempel obenauf, der wiederum von einer

bB4

Rätsel um das Turiner Grabtuch

Seit Jahrhunderten wird um das Tuch geforscht und gestritten. Frappierend ist zunächst, dass die Verletzungen, die der vom Tuch bedeckte Mann besaß, völlig deckungsgleich mit den überlieferten Wunden Jesu sind, eine betrügerische Fälschung konnte nicht festgestellt werden. 1988 wurde das Tuch mittels der Radiokarbondatierung nach der C14-Methode untersucht. Die Experten stellten fest, dass es aus der Zeit zwischen 1260 und 1390 n. Chr. stammt.

Doch andere Wissenschaftler erklärten, das Tuch sei mehrfach Bränden ausgesetzt gewesen, was den C14-Gehalt so verändere, dass eine Datierung unmöglich sei. Nach – ebenfalls umstrittenen – Pollenbefunden stammt es aus dem Nahen Osten. Ungeklärt ist auch, wie der menschliche Abdruck ins Tuch kam, es ist bisher nicht gelungen, etwas Ähnliches nachzuahmen.

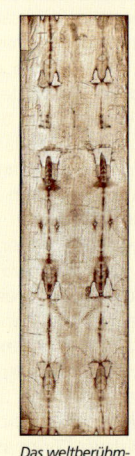
Das weltberühmte »Grabtuch von Turin« wird im Dom aufbewahrt

Der »Eiffelturm Turins«: die Mole Antonelliana

Art Leuchtturm mit einer vier Meter hohen Statue ge-
krönt wurde. Der mächtige Baukörper ist innen völlig
hohl, ein gläserner Panoramaufzug schwebt bis zur Terrasse in 90 Meter Höhe hinauf, der Blick nach unten ist
fantastisch, ebenso der Panoramablick von dort auf Turin
und die gesamten Westalpen. Ein weiteres Highlight ist
das **Museo Nazionale del Cinema**, das eine der weltweit
größten Sammlungen rund um den Film zeigt.

bB4

Via Roma und Umgebung

Von der Piazza Castello führt die Prachtstraße Turins mit
beidseitigen Arkadengängen zum Bahnhof im Süden der
Stadt. Auf halber Strecke liegt die barocke **Piazza San Carlo** mit den beiden Kirchen **Santa Cristina** und **San Carlo**
und drei historischen Cafés: Torino, San Carlo und Neuv
Caval'd Brôns.

bB2

Nur wenige Ecken entfernt steht der **Palazzo dell'Accademia delle Scienze** mit dem **Museo Egizio** (Ägypti-
sches Museum), das nach dem Museum von Kairo die
größte altägyptische Sammlung der Welt besitzt, und der
Gemäldesammlung **Galleria Sabauda**, deren Grundstock
die savoyischen Herrscher gelegt haben (italienische, piemontesische und niederländische Meister).

bB3

bB2

Der barocke **Palazzo Carignano** an der benachbarten autofreien Piazza Alberto war Sitz des Parlaments des Königreichs Sardinien. Am 17. März 1861 wurde hier das vereinigte Königreich Italien ausgerufen, danach war er bis 1865 Sitz des italienischen Parlaments, bis Florenz und schließlich Rom Hauptstadt wurden. Das große **Museo Nazionale del Risorgimento** bewahrt hier Erinnerungen an die Zeit vom *Risorgimento* bis zum Zweiten Weltkrieg auf, der Parlamentssaal des Königreichs Sardiniens ist im Originalzustand erhalten, die Sitzplätze von Cavour und Garibaldi sind markiert.

Am Südende der Via Roma steht der Bahnhof **Stazione Porta Nuova**, ein eindrucksvoller Bau des 19. Jahrhunderts. Wenige Fußminuten entfernt liegt direkt am Po der 60 Hektar große **Parco del Valentino**. Hier kann man Bootstouren machen und Fahrräder und Fahrraddroschken leihen; im Ristorante »Imbarco Perosino« sitzt man besonders schön direkt am Wasser. Im Süden des Parks liegt der **Borgo e Castello Medioevale**, eine mittelalterliche Burg mit einer kleinen Ortschaft im Stil der französischen Gotik, rekonstruiert nach Vorbildern im Aostatal.

Westliches Zentrum

Auf der lang gestreckten Piazza Solferino findet man das neue Ausstellungszentrum **Torino Atrium**. In zwei ultramodernen Glaspavillons sind städtebauliche Projekte sowie die Olympischen Winterspiele von 2006 und ihre Bedeutung für Turin dargestellt.

Weiter westlich kann man in der Nähe des Bahnhofs Porta Susa das **Museo Civico Pietro Micca e dell'Assedio di Torino del 1706** besuchen, das an die Belagerung Turins durch französische Truppen im Jahr 1706 erinnert. Die Belagerer gruben damals Gänge unter die Stadt, Pie-

Arkaden an der Via Roma in Turin

Il Lingotto

Etwa drei Kilometer südlich vom Zentrum steht die einstige Autofertigungshalle von Fiat. Sie hat eine eigene Bahnstation, die neue Metro fährt vom Zentrum ebenfalls dorthin oder man nimmt Bus/Tram 1 ab Bahnhof Porta Nuova. Die 500 Me-

Fiat 500

ter lange und fünf Stockwerke hohe Halle wurde 1923 eröffnet, bis zu 30 000 Menschen haben hier zeitweise gearbeitet. Mitte der 1980er Jahre wurde sie zu einem Kongress-, Messe- und Einkaufszentrum umgebaut, Architekt war Renzo Piano, der auch den Hafen von Genua umgestaltet hat.

Alle zwei Jahre findet hier seitdem die internationale Automobilmesse statt, außerdem der »Salone del Gusto«, der sich zum viel beachteten Treffpunkt der Slowfood-Bewegung entwickelt hat. Auf dem Dach – bei klarer Sicht Blick bis zu den Alpen – liegt eine ehemalige Rennbahn, daneben sieht man die blaue Blase »La Bolla«, einen Tagungsraum von Fiat, außerdem zeigt die **Pinacoteca Giovanni e Marella Agnelli** Werke aus der Privatsammlung der Familie Agnelli. Ganz in der Nähe steht am Po-Ufer das **Museo dell'Automobile**, das größte Automobilmuseum Italiens.

tro Micca konnte das Eindringen der Franzosen verhindern, kam dabei aber selber ums Leben. Vom Museum aus kann einer der Tunnel begangen werden.

Weithin unter »La GAM« bekannt ist die große **Galleria Civica d'Arte Moderna e Contemporanea (GAM)** im südwestlichen Zentrum, die die eine der größten Sammlung moderner Kunst in Italien besitzt – neben italienischen Werken auch internationale Größen wie Picasso, Chagall, Paul Klee und Andy Warhol.

Ausflüge in die Umgebung

Die majestätische Kuppelkirche **Basilica di Superga** (1717 bis 1731), das Meisterwerk Filippo Juvarras, wurde acht Kilometer östlich von Turins Zentrum auf einem 660 Meter hohen Hügel erbaut – von dort bietet sich ein einzigartiger Blick, besonders aus der 75 Meter hohen Kuppel, die bestiegen werden kann. In der Krypta ruhen 58 savoyisch-italienische Herrscher. Im Mai 1949 starb die gesamte Fußballmannschaft des AC Torino, als deren Flugzeug am Superga-Hügel abstürzte.

Das Schloss **La Palazzina di Caccia di Stupinigi**, in einem großen Park zehn Kilometer südlich vom Zentrum wurde ebenfalls von Juvarra erbaut. Aus dem ursprünglich nur als Jagdvilla geplanten Bau wurde eine prächtige Residenz mit halbkreisförmigen Flügeln, die heute als eine der schönsten Schlossanlagen Italiens gilt.

Das **Castello di Rivoli** im westlichen Vorort Rivoli (Shuttlebusse ab Metrostation Fermi) sollte dagegen eins der größten Schlösser Europas werden. Auch hier war wieder Juvarra federführend, doch nur ein kleiner Teil der ursprünglichen Konzeption wurde realisiert. Heute kann man hier ein umfassendes **Museo d'Arte Contemporanea** besuchen, dessen Werke einen schönen Kontrast zu den alten Stuck- und Deckenmalereien bilden. ✵

Service-Informationen zu Turin

Mit der **Torino Card** (€ 20/2 Tage, € 25/3 Tage, € 31/5 Tage oder € 35/7 Tage) erhält man freien Eintritt zu allen Museen Turins und kann Busse und Trams, den Panoramalift in der Mole Antonelliana sowie die Zahnradbahn zur Basilica Superga kostenlos nutzen. Erhältlich in den Informationsbüros.

i Turismo Torino
Piazza Castello/Via Garibaldi
10121 Turin
☏ 011 53 51 81, www.turismotorino.org
Tägl. 9–19 Uhr
Bestens organisiertes Informationsbüro mit umfangreichem Material, es wird auch Deutsch gesprochen.
Weitere Informationsstellen im Bahnhof **Porta Nuova** am Gleis 17 (tägl. 9.30–19 Uhr) und am Flughafen **Caselle** (tägl. 8–23 Uhr).

👁 Palazzo Reale
Piazza Castello
☏ 011 43 61 455, www.piemonte.beniculturali.it
Tägl. außer Mo 8.30–19.30, nur mit Führung
Eintritt € 6,50/3,25, unter 18 und
über 65 Jahren frei
Die Prunksäle zeigen sich in der typischen Prachtentfaltung des 17./18. Jh.: Wand- und Deckenfresken, historisches Mobiliar, viel Gold sowie wertvolle chinesische Porzellanvasen.

Reiterstatue des Pollux vor dem Palazzo Reale in Turin

🏛 Armeria Reale
Piazza Castello 191
☏ 011 54 38 89, www.artito.arti.beniculturali.it
Di–Fr 9–14, Sa/So 13.30–19.30 Uhr
Eintritt € 4

👁 Basilica di Superga
Strada Comunale della Basilica di Superga 73
☏ 011 899 74 56

www.basilicadisuperga.com
Savoyer-Gräber: März–Okt. tägl. 9.30–19.30, sonst Sa/So 9.30–18.30 Uhr, Eintritt € 4/3; Kuppel: April–Okt. Mo, Mi–Fr 10–18, Sa 9.30–19, So 12.45–19, im Winter nur Sa 9.30–17, So 12.45–17 Uhr, Eintritt € 4/3
Mit Tram 15 ab Piazza Castello, von der Endstation am Piazzale Modena fährt die Zahnradbahn Tranvia in 20 Minuten hinauf; etwa stündlich, hin und zurück € 4, am Wochenende € 5,50, Di Ruhetag, dann fährt ein Bus.

Borgo e Castello Medioevale
Viale Virgilio 107, Parco del Valentino
© 011 443 17 01/02, www.borgomedioevaletorino.it
Borgo tägl. 9–19, im Sommer bis 20 Uhr, Eintritt frei
Castello tägl. außer Mo 9–19 Uhr, nur mit Führung (ca. 30
Min.), Eintritt € 5, über 65 und von 18–25 Jahren er-
mäßigt, unter 18 Jahren frei, 1. Di im Monat gratis

Castello di Rivoli Museo d'Arte Contemporaneo
Piazza Mafalda di Savoia, 10098 Rivoli
© 011 956 52 22, www.castellodirivoli.org
Di–Do 10–17, Fr–So 10–21 Uhr, Mo geschl.
Eintritt € 6,50

Galleria Civica d'Arte Moderna e Contemporanea
Via Magenta 31
© 011 442 95 18, www.gamtorino.it
Tägl. außer Mo 10–18 Uhr
Eintritt € 7,50, 1. Di im Monat gratis

Galleria Sabauda
Via Accademia delle Scienze 6
© 011 54 74 40, www.museitorino.it/galleriasabauda
Di, Fr–So 8.30–14, Mi 14–19.30, Do 10–19.30 Uhr, Mo geschl., Eintritt € 4/2, unter 18 und über 65 Jahren frei

Museo Egizio
Via Accademia delle Scienze 6
© 011 561 77 76, www.museoegizio.it
Tägl. außer Mo 8.30–19.30 Uhr
Eintritt € 7,50/3,50 unter 18 und über 65 Jahren frei

La Palazzina di Caccia di Stupinigi
Piazza Principe Amedeo 7, Stupinigi – Nichelino
© 011 358 12 20
Die Museen im Palast werden derzeit umgebaut
und sind frühestens 2011 wieder zu besichtigen.
Eine der schönsten Schlossanlagen Italiens, 10 km südlich
von Turin.

Mole Antonelliana & Museo Nazionale del Cinema
Via Montebello 15
© 011 813 85 60
www.museonazionaledelcinema.org
Tägl. außer Mo 9–20, Sa bis 23 Uhr, Aufzug € 3,60, Museum € 7/5, Kombiticket für Aufzug und Museum € 9/7

**Museo Civico Pietro Micca e dell'Assedio di
Torino del 1706**
Via Guicciardini 7, © 011 54 63 17, www.museopietromicca.it
Tägl. außer Mo 9–19 Uhr, Eintritt € 3

Museo dell'Automobile
Corso Unità d'Italia, 10126 Turin

© 011 67 76 66, www.museoauto.it
Das Museum ist derzeit wegen Umbau geschl. und soll
Anfang 2011 wieder geöffnet sein.

Museo Nazionale del Risorgimento
Via Accademia delle Scienze 5
© 011 562 11 47
www.regione.piemonte.it/cultura/risorgimento
Derzeit wegen Restaurierung geschl.

Palazzo Madama & Museo Civico d'Arte Antica
Piazza Castello
© 011 44 335 01, www.palazzomadamatorino.it
Großes Treppenhaus und Museum tägl. außer Mo
10–18, So 9–20 Uhr, Eintritt Museum € 7,50/6

Pinacoteca Giovanni e Marella Agnelli
Via Nizza 262, 10126 Turin
© 011 006 27 13, www.pinacoteca-agnelli.it
Tägl. außer Mo 10–19 Uhr
Eintritt € 4, ab 65 Jahren € 2,50
Canova, Picasso, Modigliani und Canaletto.

Torino Atrium
Piazza Solferino
© 011 516 20 06
Tägl. 10–19 Uhr, Eintritt frei

Navigazione sul Po
Via Murazzi del Po
© 011 576 47 50, www.comune.torino.it/gtt/
Rundfahrten auf dem Po bietet GTT (Gruppo Torinese
Trasporti). Abfahrt an den Kais von Murazzi (unterhalb
des Ponte Vittorio Emanuele I) bis Borgo Medioevale im
Parco del Valentino (und zurück). Juni–Sept. ca. 7-mal
tägl. (außer Mo), Ticket € 3/2 pro Person.

L'Osto del Borgh Vej
Via Torquato Tasso 7, am Largo Bottero, gleich
westlich vom Dom
011 436 48 43, www.losto.it, So geschl.
Kleine gemütliche Osteria, die Wände sind mit historischen Fotografien geschmückt. Gute Küche und nette Atmosphäre. Reservierung nötig. €€

Tre Galline
Via Bellezia 37, Nähe Piazza della Repubblica
© 011 436 65 53, www.3galline.it
Mo Mittag und So geschl.
Das Traditionslokal aus dem 18. Jh. ist eins der ältesten
der Stadt. Im behaglichen Saal werden typische Piemont-
eser Speisen wie *finanziera*, *bollito misto* und *bagna
caóda* serviert. Zum Lokal gehört auch die nahegelegene
Vineria Tre Galli. €€

Im Café Torino an der Piazza San Carlo in Turin

Valenza

Via Borgo Dora 39, im gleichnamigen Viertel nördlich des breiten Corso Regina Margherita, hinter dem Park des Königsschlosses

bA2

☏ 011 521 39 14

Mo Mittag und So geschl. (außer an den Tagen des Gran Balôn)

Einfache, alteingesessene Trattoria, »Mamma Giuditta« bereitet leckere Hausmannskost, ihr Mann Walter und Sohn Luca bedienen. Man kann auch im Freien sitzen. €–€€

The Beach

Via Murazzi del Po 18

bC3

☏ 388-145 86 06

Einer der angesagtesten Treffpunkte – tagsüber Liegestühle am Wasser, abends heiße Musik.

Mercato di Porta Palazzo und andere Märkte

Piazza della Repubblica

bA2/3

Mo–Fr 8–14 Uhr, Sa ganztägig

Einer der größten offenen Märkte Europas. Samstags kann man in der nahen Via Borgo Dora den populären Floh- und Antiquitätenmarkt **Balôn** besuchen, jeden zweiten Sonntag im Monat heißt er sogar **Gran Balôn**.

Del Cambio

Piazza Carignano 2

bB3

☏ 011 54 66 90, www.cambio.thi.it

So geschl.

Historisches Lokal aus dem 18. Jh., Ministerpräsident Cavour aß hier regelmäßig, sein Platz ist gekennzeichnet. Küche feinster piemontesischer Tradition. Abendgarderobe und Reservierung obligatorisch. €€€

Gelateria Pepino

Piazza Carignano 8

bB3

Spezialität der Eisdiele ist seit rund 120 Jahren *pinguino*, ein weißes Eis mit dünner Schokoladenschicht.

Vista Points
Orte, Landschaften und Sehenswürdigkeiten

LIGURIEN

Riviera di Levante östlich von Genua

Camogli

Die Fischerstadt am Beginn der großen, aber fast unbesiedelten Halbinsel von Portofino war vor 200 Jahren eine starke Flottenmacht und noch heute imponieren die bis zu sieben Stockwerke hohen Fassaden um das malerische Hafenbecken und oberhalb des grauen Kiesstrandes. Sie wurden so hoch gebaut, heißt es, damit die Ehefrauen ihre heimkehrenden Männer so früh wie möglich erkennen konnten.

Am Westende des Strandes thront die verschwenderisch ausgestattete Kirche **Santa Maria Assunta**. Der idyllische Fischerhafen liegt im Windschatten des **Castello Dragone**, Treppengassen führen hinauf zur Oberstadt.

Fast schon ein Muss ist der Schiffsausflug zur Benediktinerabtei **San Fruttuoso**, die in einer markanten Bucht mit Kiesstrand und kristallklarem Wasser an der Südseite der Halbinsel von Portofino steht. Besichtigen kann man den **Abtspalast** aus dem 14. Jh., die Kirche aus dem 11. Jh., einen Kreuzgang und die Gräber der genuesischen Doria.

 La Camogliese
Via Garibaldi 78, 16032 Camogli
✆ 01 85 77 10 86, im Winter Mi geschl.
Verglaster Holzbau mit Terrasse in luftiger Höhe über dem Strand, serviert werden vor allem Fischgerichte. €€–€€€

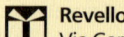 **Revello**
Via Garibaldi 183, Camogli , www.revellocamogli.com
Ein leckeres Mitbringsel aus Camogli ist das Rundgebäck namens *camogliesi*, das Giuseppe Revello in zwei Variationen fertigt: mit Rum, Caffè, Amaretto und Schokoladen-Nusscreme *(Gianduia)* sowie mit Mandel, Nuss, Orange und Amaretto.

 Schiffsausflug nach San Fruttuoso
Via Scalo 2, Camogli
✆ 01 85 77 20 91, www.golfoparadiso.it
Die Reederei Golfo Paradiso fährt bis zu 10 Mal täglich zur Klosterbucht und wieder zurück (€ 10). Variante: Man kann nach Portofino weiterfahren und kehrt nach einer Stunde Aufenthalt wieder nach Camogli zurück (€ 15

hin/zurück). Die Fahrt zur Badestelle Punta Chiappe kostet
ca. € 7 hin und zurück.

 Abbazia di San Fruttuoso (Benediktiner-Abtei)
Camogli
℗ 01 85 77 27 03, www.fondoambiente.it
Mai–Sept. tägl. 10–18, Okt.–April Di–So 10–16 Uhr
Eintritt € 5/3

Santa Margherita Ligure

Das gepflegte Städtchen zwischen Rapallo und Portofino
ist das touristische Zentrum der Portofino-Halbinsel und
bietet viel fürs Auge. Die lange, palmenbestandene Uferstraße in der großen Bucht wird von eleganten Palazzi
flankiert, im Wasser ankern Hunderte von weißen Jach-
ten, in der Umgebung thronen Luxusvillen und Grandhotels an den Hängen, dazu genießt man den Blick auf die
Küste in Richtung Osten. Baden lässt es sich hier zwar
kaum, aber ein Großteil der begüterten Klientel kann vom
eigenen Boot aus ins Wasser springen.

 Villa Durazzo-Centurione
Via San Francesco 3, Santa Margherita Ligure
℗ 01 85 28 24 49
www.villadurazzo.it
Villa: tägl. 9–13 und 14.30–18.30, im Winter tägl. 9–13 und
14–17 Uhr, Eintritt € 6; Garten: tägl. 9–19 Uhr, Eintritt frei
Die Renaissancevilla steht auf einem Hügel über der Stadt
inmitten eines großen öffentlichen Parks. Die schöne
Panoramaterrasse ist mit allegorischen Skulpturen ge-

Eines der berühmten Postkartenmotive der italienischen Riviera: Camogli

schmückt, im Inneren kann man das Originalmobiliar des 18. Jh., Muranoleuchter, Gobelins und eine Gemäldegalerie bewundern.

Caffè del Porto
Via Bottaro 32, Santa Margherita Ligure
☎ 01 85 28 70 44
Direkt an der Uferstraße, hübsch und gemütlich eingerichtet, verlockend und vielfältig ist das Angebot an Antipasti, *focacce,* Pizza und Panini, man kann auch Wein kaufen. €€

Portofino

Das stilvolle Örtchen in einer beschaulichen Bucht ist das mondänste und teuerste Pflaster der Riviera, die Prominenz lässt sich per Hubschrauber einfliegen oder reist mit der Luxusjacht an. Für Normalsterbliche ist zu empfehlen, ab Santa Margherita Ligure den Pendelbus zu nehmen, denn sogar das Parken ist hier teuer. In den romantischen Ristoranti am Hafen kann man das Budget ebenfalls entscheidend belasten.

Von Portofino verkehren Pendelfähren zur Abtei San Fruttuoso (vgl. Camogli S. 28), man kann aber auch wandern (ca. 2 Std.). Einfacher ist es, zur Kirche San Giorgio hinaufzusteigen und den Weg zum Leuchtturm an der Südostspitze des Kaps zu nehmen (ca. 30 Min.).

Chiavari

Eine authentische Stadt ohne Rivieraglamour, das alte Zentrum besteht aus rechtwinklig zueinander verlaufenden Gassen, die noch auf eine altrömische Garnison zurückgehen. In den schattigen Laubengängen verstecken sich viele Geschäfte, urige Trattorien und klassische Cafés, z. B. das Café »Defilla« an der Piazza Roma.

Das mondänste und teuerste Pflaster Liguriens: Portofino

In der Bar Barolino in Levanto

 Museo Archeologico & Civica Galleria
Palazzo Rocca an der Piazza Matteotti, Chiavari
☏ 01 85 36 53 36
Museum Di–Sa 9–13.30 Uhr, Eintritt frei; Civica Galleria
Sa/So 10–12 und 16–19 Uhr, Eintritt frei
Im Archäologischen Museum sind Funde aus den nahege-
legenen Nekropolen des 7. Jh. v. Chr. und in der Pinako-
thek Werke der genuesischen Schule (17./18. Jh.) sowie historische Möbel zu sehen.

Sestri Levante

Die große sympathische Badestadt besitzt im Zentrum
zwei Sandstrände: Die lange **Baia delle Favole** mit Palmenpromenade und – durch eine dicht bewachsene Halbinsel davon getrennt – die idyllische **Baia del Silenzio**, eine
halbrunde Sandbucht, wo man vor der Kulisse pastellfarbener Palazzi und zwischen Fischerbooten badet. Die
Hauptgasse **Via XXV Aprile** ist Fußgängerzone und lädt
zum Bummeln zwischen Gelaterie, Ristorante und Stra-
ßenmusikern ein.

IAT
Piazza Sant'Antonio 10, 16039 Sestri Levante
☏ 01 85 45 70 11, iat.sestrilevante@provincia.genova.it

Portobello
Via Portobello 16, Sestri Levante
☏ 01 854 15 66, Mi geschl.
Gehobenes Fischrestaurant am oberen Ende der Baia del
Silenzio, man sitzt traumhaft schön direkt am Wasser. €€

Levanto

Das Eingangstor zur berühmten Cinque Terre ist ein eher
unspektakuläres Städtchen mit hügligem Altstadtzen-
trum. Am Meer verläuft etwas erhöht eine ehemalige
Bahntrasse, nunmehr Flanierpromenade, mit weitem Blick

auf den breiten Sandstrand. Es gibt einen begrünten Stadtpark an der Piazza Staglieno und die originelle Piazza Cavour, die völlig von Häusern umgeben ist und fast wie ein großer Innenhof wirkt.

Nah am Meer steht in schöner Hügellage die gotische Kirche **Sant'Andrea** mit ihrer auffallenden Streifenfassa-

---

Die Cinque Terre:

Bekanntester »Geheimtipp« Italiens

Fünf Orte – Monterosso, Vernazza, Corniglia, Manarola und Riomaggiore – reihen sich entlang einem felsigen, 12 km langen Küstenstreifen mit felsigen Abstürzen, Weinterrassen und üppiger mediterraner Vegetation. Pastellfarbene Häuser staffeln sich in tiefen Einschnitten übereinander, zwischen abenteuerlich steilen Treppenwegen und Fischerbooten genießt man die urige Atmosphäre und den Blick aufs Meer. Seit 1997 stehen die Cinque Terre als Weltkulturerbe unter dem Schutz der UNESCO.

Noch im 19. Jahrhundert waren die Dörfer von Land her fast unzugänglich und konnten nur mit Booten erreicht werden. Dann kam die Eisenbahn und in den siebziger Jahren begann mit dem Straßenbau die Entdeckung der versteckten Idylle. Inzwischen kommen Reisende aus der ganzen Welt hierher, die meisten als Tagesausflügler, denn der Massentourismus kann in den kleinen Orten nicht Fuß fassen.

Wer mit dem PKW anreist, muss eine langwierige Anfahrt in Kauf nehmen und den Wagen weit außerhalb abstellen, denn alle Orte sind für den Autoverkehr gesperrt. Am besten lässt man deshalb den Wagen im westlichen Nachbarort Levanto stehen und nimmt den Zug, mit dem man in wenigen Minuten Monterosso erreicht, und auch zu den weiteren Cinque-Terre-Orten braucht man nur jeweils 5–10 Minuten.

Natürlich kann man auch mit dem Schiff fahren, doch wer etwas auf sich hält, der geht zu Fuß: Ein malerischer Wanderpfad führt hoch über dem Meer entlang und verbindet alle Orte miteinander (Gesamtdauer ca. 5–6 Std.). Hier kann man die herrliche Küstenlandschaft hautnah erleben – ist dabei allerdings selten allein, denn auch im fernen Amerika und Australien ist der Geheimtipp »Cinque Terre« in aller Munde. Um die Wege instand zu halten, wird seit einigen Jahren Eintrittsgeld für Wanderungen zwischen Monterosso und Riomaggiore erhoben (Tageskarte € 5, Dreitageskarte € 10, erhältlich in den Bahnhöfen).

Neben Riomaggiore zählen vier weitere Dörfer der Cinque Terre seit 1997 zum UNESCO-Weltkulturerbe

Am schönen, langen Sand-Kies-Strand von Monterosso al Mare

de. Von dort kann man weiter zum **Castel San Giorgio** hinaufsteigen – und wenn man will in zweieinhalb Stunden auf dem »Sentiero rosso 1« ins benachbarte Monterosso, den ersten Ort der Cinque Terre, wandern. Mit der Bahn benötigt man nur fünf Minuten dorthin – mit dem Auto müsste man sich gut 30 Minuten lang hoch über die Küstenberge quälen.

ℹ️ IAT
Piazza Mazzini, im ehemaligen Bahnhofsgebäude an der Strandpromenade, 19015 Levanto
✆ 01 87 80 81 25, info@comune.levanto.sp.it

🍴 Cavour
Piazza Cavour 1, Levanto
✆ 01 87 80 84 97, www.trattoriacavour.com
1911 eröffnet, idyllischer Gastgarten an der versteckten Piazza Cavour. Man sitzt geborgen unter schattigen Bäumen, gute Meeresküche, mittlere Preise. €€

Monterosso al Mare

Der größte Ort der Cinque Terre hat nicht den Charme und die Abgeschiedenheit der anderen vier. Allerdings gibt es hier zahlreiche Unterkünfte und den einzigen Sandstrand der Cinque Terre. Vom alten Ortskern, der sich schlauchförmig zum Meer hinunterzieht, geht man durch einen Fußgängertunnel zur Neustadt Fegina mit dem Strand, über dem eine gemütliche Promenade verläuft. Auf dem Hügel über dem Tunnel stehen das Kapuzinerkloster San Francesco aus dem 17. Jh. und eine mittelalterliche Burgruine mit dem Friedhof von Monterosso.

Ins benachbarte **Vernazza** kommt man per Boot oder Bahn (der Bahnhof liegt an der Promenade in Fegina). Aufregender ist aber der wild-romantische Fußweg entlang der Küste, dafür ist man knapp zwei Stunden unterwegs und genießt den Blick auf die Cinque-Terre-Dörfer. Der Weg beginnt in der Bucht vor dem alten Ortskern und führt nach links am herrlich gelegenen Hotel Porto Roca vorbei.

IAT
Via Fegina 38, im Bahnhof in der Neustadt
19016 Monterosso al Mare
℡ 01 87 81 70 59, Fax 01 87 81 71 51
accoglienzamonterosso@parconazionale5terre.it

La Lampara »Ciak«
Piazza Don Minzoni, in der Altstadt bei der Kirche
Monterosso al Mare
℡ 01 87 81 70 14, www.ristoranteciak.it, Mi geschl.
Populäre Taverne mitten im alten Zentrum, auf der überdachten Terrasse tafelt man an langen Tischen und genießt die fröhliche Atmosphäre. €€

Enoteca Internazionale
Via Roma 62, Hauptstraße im alten Ortskern
Monterosso al Mare
℡ 01 87 81 72 78, www.enotecainternazionale.com
Gute regionale Weine, dazu auch Tropfen aus anderen Regionen. An einigen Tischen im Freien bekommt man auch Snacks.

Vernazza
Romantik pur im vielleicht schönsten Ort der Cinque Terre. Eine wunderhübsche kleine Hafenpiazza mit pastellfarbenen Häusern und einer Mole, daneben eine Sandbucht mit der altersgrauen Pfarrkirche. Die Fischer flicken ihre Netze wie eh und je, auf dem Kap darüber steht ein alter Festungsturm, zu dem man hinaufsteigen und das Panorama der Steilhänge rundum in sich aufnehmen kann.

Romantik pur: Vernazza in der Cinque Terre

Auf einem felsigen Vorgebirge steil über dem Meer: Corniglia

Wer mit dem Zug ankommt, muss nur die Hauptstraße zum Wasser hinunterlaufen, schöner ist aber der Fußweg nach Corniglia, der als der panoramareichste in den Cinque Terre gilt. Er beginnt in der Via M. Carattino, einem steilen Seitenweg der Hauptgasse, und bietet gleich zu Beginn herrliche Rückblicke, später kommt Corniglia ins Blickfeld (ca. 1,5 Std.).

 Gambero Rosso
Piazza Marconi 7, 19018 Vernazza
☏ 01 87 81 22 65, www.ristorantegamberorosso.net
Mo geschl.
Direkt im Hafen speist man hier in der Regel vorzügliche und vielfältige Meeresküche zu gehobenen Preisen. €€€

 Gianni Franzi
Piazza Marconi 5, Vernazza
☏ 01 87 82 10 03, www.giannifranzi.it
Mi geschl.
Konkurrenzlos beste Lage, man sitzt unter pittoresken Sonnenschirmen auf der Hafenpiazza. Die Küche ist besser, als man sie an solch exponierter Stelle erwartet. €€

Corniglia

Im Gegensatz zu den anderen Cinque-Terre-Orten liegt Corniglia auf einem felsigen Kap hoch über dem Meer zwischen pittoresken Weinterrassen. Vor allem Wanderer findet man in dem ruhigen Ort mit seinen schlichten Gassen, kleinen Plätzen und wunderschönen Ausblicken. Ein schmaler Treppenweg führt beim Hauptplatz hinunter zur intimen Hafenbucht **Corniglia Marina** (Wegweiser), wo man oft völlig alleine sein kann.

Der Bahnhof liegt östlich von Corniglia, ebenfalls unten am Meer, in den Ort steigt man auf steilen Treppenstufen hinauf. Neben dem Bahnhof erstreckt sich der Kiesstrand **Spiaggione di Corniglia**, der längste der Cinque Terre. Hier beginnt der Wanderweg nach Manarola, vorbei an den

Bungalows des Villaggio Marino Europa, dann eine Dreiviertelstunde ansteigend und anschließend an den berühmten Weinterrassen vorbei und auf Treppen hinunter nach Manarola (2 Std.). Der Weg nach Vernazza beginnt dagegen bei der gotischen Kirche **San Pietro** am Ortseingang (1,5 Std.).

 ### A Cantina de Mananàn
Via Fieschi 117, 19018 Corniglia
℡ 01 87 82 11 66
Im Sommer tägl. (Mo–Fr nur abends), sonst Di geschl.
Altes Bruchsteingewölbe mit wenigen Tischen; nette Atmosphäre und gute ligurische Küche, zu empfehlen sind die *pansoòti al sugo di noci* (Ravioli mit Walnusssoße).
€€

 ### Cecio
Via Serra 58, Corniglia
℡ 01 87 81 20 43, www.cecio5terre.com
Einladendes Restaurant mit Panoramaterrasse. €€

Manarola
Bunte Häuser stehen turmhoch übereinander geschachtelt an den Steilhängen eines Einschnitts, in dem ein abgedeckter Bergbach verläuft – ein wunderschöner malerischer Anblick, der zu den meistfotografierten der Cinque Terre gehört. Die Hauptgasse führt zwischen den Häusern vom Bahnhof im oberen Ortsteil zu einer idyllischen Plattform über dem Meer, wo sich zwischen den Restaurants die Fischerboote stapeln. Unterhalb davon liegt eine tief eingeschnittene Bucht, in der weitere Boote ankern. Manarola besitzt keine zentrale Piazza, das Leben spielt sich an der Hauptgasse ab – die Einheimischen treffen sich vor der Kirche im oberen Ortsgebiet, die Urlauber auf der Plattform mit den Restaurants.

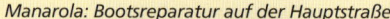

Manarola: Bootsreparatur auf der Hauptstraße

Via dell'amore

Der Fußweg zwischen Manarola und Riomaggiore wurde 1930 angelegt, um den beiden Dörfern eine gute Verbindung entlang der Steilküste zu geben. Bald wurde er zum Treffpunkt der Verliebten beider Orte und bekam so seinen poetischen Namen, der ihn zum berühmtesten Fußweg Italiens machte. In den 1990er Jahren wurde er verbreitert und an einigen Stellen durch Galerien vor Steinschlag geschützt – so ist er absolut problemlos zu begehen, allerdings auch dementsprechend überlaufen, vor allem an Wochenenden.

Rechts vom Hafen führt ein Weg um eine Felsnase herum zu einer betonierten Badeplattform. Der Fußweg nach Corniglia beginnt an der Hauptstraße kurz vor dem Hafen. Vom Bahnhof aus führt die berühmte »Via dell'amore« nach Riomaggiore, nur 25 Minuten braucht man für diese weitgehend eben verlaufende und bestens ausgebaute Promenade.

 Cappun Magru
Via Volastra 19
Groppo, oberhalb von Manarola
℡ 01 87 92 05 63, Mo/Di geschl.
Maurizio bietet in seinem kleinen Lokal fantasievolle ligurische Küche auf höchstem Niveau, die Gerichte wechseln häufig. Reservierung sinnvoll (kann auf Deutsch erfolgen, Maurizios Frau stammt aus Deutschland). €€€

Riomaggiore

Wie auch in Manarola ziehen sich die Häuser nebeneinander ein steiles Tal entlang zum spitz zulaufenden Hafen, wo es aus Platzgründen nur Raum für Boote gibt. Die Hauptstraße ist Dreh- und Angelpunkt des öffentlichen Lebens. Der Bahnhof liegt im unteren Ortsteil, durch einen langen Fußgängertunnel kommt man zum Hafen, auf einer Brücke über die Bahngleise erreicht man die Via dell'Amore nach Manarola.

In den oberen Ortsteil führt für wenig Geld ein *Ascensore* (Aufzug), dort kann man die Pfarrkirche **San Giovanni Battista** und die Ruine einer Genueser Burg besichtigen.

 Torre Guardiola
In etwa einer halben Stunde erreicht man von der Fähranlegestelle aus auf einem botanischen Lehrpfad den Küstenwachturm Torre Guardiola, den besten Aussichtspunkt bei Riomaggiore. Am Ziel gibt es eine Art Umweltzentrum mit Schautafeln zur Flora und Fauna.

 Santuario Madonna di Montenero
Die Wallfahrtskirche liegt am Küstenwanderweg nach Portovenere (Beginn an der Pfarrkirche) und ist zu Fuß in 50 Minuten zu erreichen, der herrliche Weitblick ist die Mühe wert.

H14

La Spezia

Die 100 000-Einwohner-Stadt am tief eingeschnittenen, gleichnamigen Golf ist kein eigentliches Touristenziel. Die italienische Kriegsmarine hat hier einen wichtigen Stützpunkt, ansonsten ist der Hafen vor allem wirtschaftlich von Bedeutung. Allerdings gibt es zwei neue Museen, die Beachtung verdienen: Das **Museo Amedeo Lia** in einem ehemaligen Kloster und das archäologische **Museo Civico Formentini** im genuesischen Kastell San Giorgio.

Das Altstadtviertel **Prione** und die lange, von Palmen gesäumte Uferpromenade bieten sich zum Bummeln an, die großen **Markthallen** (von Montag bis Samstag vormittags geöffnet) an der Piazza Cavour sind ein weiterer attraktiver Anlaufpunkt.

Bequem ist die Anreise aus der Umgebung: Von den nahen Orten Portovenere und Lerici kann man mit Pendelfähren übersetzen, von den Cinque Terre aus ist man rasch mit dem Zug in La Spezia.

IAT
Viale Mazzini 45 (Nähe Fährhafen)
19100 La Spezia
✆ 01 87 77 09 00, www.turismoprovincia.laspezia.it
Zweigstelle auch im Bahnhof.

Museo Civico Formentini
Via XXVII Marzo, La Spezia
✆ 01 87 75 11 42, tägl. außer Di 9.30–12.30 und 17–20, im Winter 9.30–12.30 und 14–17 Uhr
Eintritt € 5, Kombiticket mit Museo Amadeo Lia € 8
Das archäologische Museum zeigt frühgeschichtliche und antike Funde der Region, darunter zahlreiche römische Stücke aus der Ausgrabung von Luni. Viel beachtet werden auch die etwa 20 bronze- und eisenzeitlichen Statuenstelen aus dem Grenzgebiet zur Toskana.

Nach Genua ist La Spezia die wichtigste Hafenstadt Liguriens

Portovenere, der »Hafen der Venus«

All'Inferno
Via Costa 3, La Spezia, ☎ 01 872 94 58, So geschl.
Urige alte Osteria in der Nähe der Markthallen an der Piazza Cavour. Eine Speisekarte gibt es hier nicht, der Padrone zählt persönlich auf, was er anzubieten hat. €

Portovenere
Von La Spezia nimmt man die Panoramastraße entlang dem Golf nach Süden. Wenn man die Spitze der Halbinsel erreicht, öffnet sich eins der malerischsten Ortsbilder der Riviera – am breiten Hafenkai drängen sich farbige Hausfassaden, darüber thront ein genuesisches Kastell, vorgelagert ist die üppig grüne **Isola Palmaria**. Das ist nicht unbekannt geblieben und an Wochenenden ist Portovenere völlig überlaufen, so dass man dann kaum einen Parkplatz findet.

Durch das Stadttor erreicht man den schmalen **Carrugio**, der sich durch den ganzen mittelalterlichen Ortskern zieht. Am Ende steht pittoresk auf einer Klippe über dem Meer die Kirche **San Pietro** im typischen Genueser Streifenmuster, herrlich ist der Blick hinüber zur Cinque Terre. Hier kann man auch zur **Grotta Arpaia** hinuntersteigen, dem Lieblingsplatz des legendären Lord Byron, der wie auch Shelley und Keats Anfang des 19. Jh. zeitweise im gegenüberliegenden Lerici lebte und von dort aus den Golf von Spezia mehrfach schwimmend überquerte – seitdem wird dieser *Golfo dei Poeti* genannt. Im oberen Ortsteil kommt man zur romanisch-gotischen Pfarrkirche **San Lorenzo** und kann weiter zum **Castello** hinaufsteigen, das zur Besichtigung geöffnet ist.

Pro Loco
Piazza Bastreri, 19100 Portovenere
℗ 01 87 79 06 91, www.prolocoportovenere.it

 Castello
Portovenere
April–Okt. tägl. 10.30–13 und 14.30–18 Uhr, übrige Zeit
nur Sa/So 10.30–18.30, Eintritt € 3

Antica Osteria del Caruggio
Via Capellini 66, Portovenere
℗ 01 87 79 06 17, Do geschl.
Das letzte typische Rivieralokal im viel besuchten Portovenere, über hundert Jahre alt, maritim dekoriert, man sitzt an langen Holztischen, die traditionellen Gerichte werden vom Wirt mündlich angeboten, preisgünstig. €

Lerici

Der stark frequentierte Badeort liegt in einer großen Bucht am Ostende des Golfo di Poeti, sein Jacht- und Sporthafen ist meist dicht belegt. Gegenüber ragt die eindrucksvolle Halbinsel von Portovenere ins Meer. Hinter der großzügigen Hafenpiazza kommt man in den alten Ortskern mit seinen Fußgängergassen. Die Via Zanelli führt steil hinauf zum **Castello di Lerici** in strategisch wichtiger Lage am Zugang zum Golf von La Spezia, um das die Pisaner erbittert mit den Genuesen rangen.

Auf kurvenreicher Straße erreicht man das bildhübsche kleine **Tellaro**, das sich auf einer felsigen Landzunge hinunter zum winzigen Hafenbecken zieht. Viele der pastellfarbenen Häuser wurden zu Feriendomizilen umgebaut. Wenn man die Straße oberhalb der Küste weiterfährt, kommt man in den dicht bewaldeten Naturpark **Parco Montemarcello** (www.parcomagra.it).

 IAT
Via Biaggini 6 (Uferpromenade), 19032 Lerici
℗ 01 87 96 73 46, Fax 01 87 96 94 17, urp@comune.lerici.sp.it

 Castello
Lerici, ℗ 01 87 96 90 42, www.castellodilerici.it
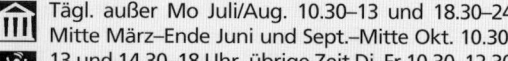 Tägl. außer Mo Juli/Aug. 10.30–13 und 18.30–24, Mitte März–Ende Juni und Sept.–Mitte Okt. 10.30–13 und 14.30–18 Uhr, übrige Zeit Di–Fr 10.30–12.30, Sa/So auch 14.30–17.30 Uhr, Mo geschl.
Eintritt € 5/3,50
Im Inneren der mehrfach umgebauten und gut erhaltenen Burg ist ein **Museo Geopaleontologico** mit Fossilien, Saurierrelikten und Rekonstruktionen von Reptilien untergebracht.

 N ta'Grita
Piazza Figoli 3, 19030 Tellaro

Schafhirte an der ligurischen Riviera

℃ 01 87 96 47 13, www.ntagrita.it
Beliebtes Lokal an der Piazza von Tellaro, Roberto ist Spezialist für die typisch ligurische Meeresküche, viele Einheimische kommen hierher. €€

Sarzana

Die ummauerte Stadt liegt ein Stück landeinwärts der Küste. Das verkehrsberuhigte Zentrum mit seinen rechtwinklig verlaufenden Gassen ist wie geschaffen zum Flanieren und Stöbern in den vielen kleinen Läden und Werkstätten. Der große Dom **Santa Maria Assunta** beeindruckt mit seiner Marmorfassade, der gediegenen Holzdecke und den Altären, deren Marmor aus den berühmten Steinbrüchen des nahen Carrara stammt. Das **Castello di Sarzanello** am Rand der Altstadt besitzt attraktive Rundtürme, die Mauern sind begehbar.

Die alte Römerstadt **Luni** liegt südöstlich von Sarzana, schon an der Grenze zur Toskana. Sie ist die größte antike Ausgrabung Liguriens. Ein Museum mit Fundstücken kann dort ebenfalls besichtigt werden.

 Castello di Sarzanello
19038 Sarzana, ℃ 01 87 62 20 80
Wechselnde Zeiten, Sa/So nachmittags das ganze Jahr Besichtigung möglich, Eintritt € 3,50

 Luni
Via San Pero 39, Ortonovo
℃ 01 87 668 11, tägl. außer Mo 8.30–19.30 Uhr, Eintritt € 2

 Forno Bugliani
Piazza San Giorgio 20, Sarzana
℃ 01 87 62 00 05, So geschl.
Alte Farinata-Backstube im Zentrum, auch Pizza wird hier zubereitet. Im Sommer kann man auf der Piazza sitzen. €

Strandblick in Celle Ligure

Riviera di Ponente westlich von Genua

Celle Ligure

Sympathischer Badeort mit netter Altstadt und langem Strand. Wie in vielen Rivieraorten verläuft hinter der ersten Häuserreihe die enge Hauptgasse, *Caruggio* genannt, parallel zur Uferpromenade. Sie endet an der etwas erhöht stehenden Kirche, von dort führt ein hübscher Uferweg in den benachbarten modernen Ferienort **Piani**.

 Giuseppe Olmo S.p.A.
Via Poggi 22, 17015 Celle Ligure
✆ 019 99 01 57, www.olmo.it
Bereits seit 1938 entstehen bei Olmo in Celle Ligure Fahrräder von Weltrang – jedoch nicht einfach Räder, sondern hier wird *La Biciclissima* (Superlativ von *bicicletta* = Fahrrad) schlechthin gefertigt.

 Stazione Vecchia
Via Consolazione 36, ✆ 019 99 08 11
Urige Pizzeria gegenüber der Kirche, man sitzt draußen oder im fast höhlenartig anmutenden Gewölbe, günstige Preise. €

Albisola Marina

Die große Siedlung an der Mündung des Sansobbia ist die Keramikstadt Liguriens. Schon im 17. Jh. entstanden hier die ersten Manufakturen, die hochwertige Terrakotta gestalteten. Heute wird zwar eher Massenware für den durchschnittlichen Hausgebrauch hergestellt, aber immerhin ist die Produktion noch nicht der Globalisierung zum Opfer gefallen und die vielen Besucher tun das Ihre, dass sie auch noch länger überleben wird.

Eine Reminiszenz an die kunsthandwerkliche Tradition ist die mit farbigen Keramikfliesen belegte **Passeggiata**

degli Artisti (Künstlerpromenade) auf einem Teilstück der kilometerlangen Uferpromenade. Zu beiden Seiten der Flussmündung gibt es Dutzende Badeanstalten am Strand.

Villa Durazzo Faraggiana

17012 Albisola Marina (am nördlichen Stadtrand)
☎ 019 48 06 22, www.villafaraggiana.it
Mitte März–Sept. tägl. außer Mo 15–19 Uhr, Eintritt € 5
Die prunkvolle Adelsvilla steht in einem großzügigen Barockpark. Im Rahmen einer Besichtigung kann man die authentisch erhaltenen Innenräume mit Originalmobiliar, Stuckarbeiten, prächtigen Fresken und kostbaren Majoliken besuchen.

Fabbrica Casa Museo Giuseppe Mazzotti

Viale Matteotti 29, auf der Via Aurelia von Osten kommend, vor dem Fluss rechter Hand
Albisola Marina
☎ 019 48 98 72, Mo–Sa 9–12 und 15–19 Uhr, Eintritt frei
Die 1903 eröffnete Keramikfabrik zeigt Keramiken und Majoliken von ihren Anfängen bis heute. In einem kleinen Museum sind noch ältere Stücke ausgestellt, im Garten stehen Skulpturen von zeitgenössischen Künstlern.

La Garitta

Piazzetta Pozzo Garitta 24, Albisola Marina
☎ 347 610 30 22, geöffnet bis 3 Uhr, Di geschl.
Liebevoll gestylte American Bar mit warmer Küche. Von einem bildhübschen Innenhof gelangt man in das kerzenerleuchtete Backsteingewölbe und genießt *Bruschette* und leckere *Primi piatti*, dazu Cocktails bis spät in die Nacht. In den 1960er Jahren war Picasso gerne hier. Am Wochenende oft Live-Musik. €€–€€€

Savona

F8

Die wichtige Hafenstadt wurde im Zweiten Weltkrieg stark zerstört, so gibt es vom Stadtbild her nicht viel Anziehendes. Geschäftige Autostraßen umgeben die kleine Altstadt hinter dem Hafen. Kulturell Interessierte finden einige Museen: Die trutzige Küstenfestung **Priamar** beherbergt ein **Archäologisches Museum** sowie eine **Sammlung moderner Kunst**, die aus der Privatsammlung des in der Nähe geborenen Staatspräsidenten Sandro Pertini hervorgegangen ist. Ligurische Maler vom 15. bis zum 19. Jh. und eine Keramiksammlung kann man außer-

Das Castello von Savona

dem noch in der **Pinacoteca Civica** an der Piazza Chabrol besichtigen.

IAT
Corso Italia 157R, Ecke Via Verzellino, 17100 Savona
✆ 019 840 23 21, http://turismo.provincia.savona.it

Museo Storico Archeologico
Fortezza del Priamàr, Palazzo della Loggia
Corso Mazzini, Savona
✆ 019 82 27 08, www.museoarcheosavona.it
Tägl. außer Di Mitte Juni–Mitte Sept. 10.30–15, sonst Mi–Fr 9.30–12.30 und 14.30–16.30, Sa–Mo 10.30–15 Uhr
Eintritt € 2,50/1,50

Noli

Das altehrwürdige Städtchen, das von 1192 bis 1792 eine unabhängige Seerepublik war, gehört zu den schönsten Städtchen der Riviera, ist aber an Sommerwochenenden entsprechend überlaufen (Parkprobleme). Die lang gestreckte Sandbucht liegt vor einer Kulisse grüner Hänge, von der hoch gelegenen Ruine des **Castello Ursino** führen Mauern bis in den Ort hinunter. Das Centro storico liegt wohlgeborgen landeinwärts der Durchgangsstraße und zeigt sich intakt und reizvoll. Die Häuser stützen sich gegenseitig durch Bögen, und kleine Plätze laden zur Rast ein. Einige massive Geschlechtertürme, die im Mittelalter von wohlhabenden Familien als trutzige Stadtburgen errichtet wurden, erinnern an den einstigen Reichtum, darunter der fast 40 m hohe **Torre del Canto** aus dem 13. Jh. an der Piazza Morando.

Wenn man Noli auf der Küstenstraße nach Westen in Richtung Varigotti verlässt, kann man noch die einstige ungezähmte Wildheit der Riviera nachempfinden. Mit vielen Kurven geht es hier durch die unbebauten Uferfelsen der Steilküste. **Varigotti** selber ist ein pittoreskes Fischer-

»Regata Storica«, die historische Regatta in Noli

Sommerfrische an der Riviera di Ponente: Finale Ligure

dorf mit hübschen Häuschen und Palmen direkt am Strand – auf der viel befahrenen Durchgangsstraße sieht man davon allerdings nichts.

San Paragorio
Via alla Stazione, 17026 Noli
Di, Do, So 10–12 und 18–20, Fr 18.30–22.30, Sa 18.30–20.30 Uhr
Die dreischiffige romanische Kirche am westlichen Ortsrand von Noli stammt aus dem 11. Jh. Bei Ausgrabungen hat man ein Baptisterium aus dem 5. Jh. entdeckt. Originell sind die Majolikateller über dem Bogenfries der Hauptapsis. 1192 fand hier die Ernennung Nolis zur freien Seerepublik statt.

Il Vescovado
Im Palazzo Vescovile, Noli
℡ 019 749 90 59, www.hotelvescovado.it
Mi Mittag und Di geschl.
Der ehemalige Bischofspalast steht etwas erhöht am östlichen Ortsrand, von der Uferstraße kann man den Lift benutzen. Restaurant mit Panoramaterrasse und herrlichem Blick über die Bucht. Die feine Küche kann man am besten mit dem Degustationsmenü erkunden. €€–€€€

Finale Ligure
Einer der beliebtesten Ferienorte der Riviera di Ponente, vor allem auch bei deutschsprachigen Urlaubern. Im alten Zentrum von **Finalmarina** kann man gemütlich flanieren und die mit imposantem Stuckdekor verzierte Kirche **San Giovanni Battista** besichtigen. Die weite Piazza Vittorio Emanuele ist zum Meer hin offen, dort steht der Triumphbogen **Arco di Margherita di Spagna**, erbaut im 17. Jh. für Prinzessin Margarethe aus Spanien. Hier erreicht

man auch die schöne Palmenpromenade oberhalb vom langen Sandstrand, wo allabendlich eine lebhafte *Passeggiata* stattfindet. Der ruhige Ortsteil **Finalpia** liegt mit seiner netten Markt- und Ladengasse Via Molinetti am Flüsschen Sciusa.

ℹ IAT
Via San Pietro 14, Piazza Vittorio Veneto
17024 Finalmarina
✆ 019 68 10 19, http://turismo.provincia.savona.it

✗ Beigisela
Via C. Colombo 2, 17024 Finale Ligure
✆ 019 69 52 75, Mi geschl.
http://beigisela.playrestaurant.tv
Vor 40 Jahren von einem deutsch-italienischen Paar in der Altstadt gegründet, ist Beigisela heute ein modisch gestyltes Ristorante mit leckerer *Cucina nuova italiana* und beachtlicher Weinauswahl. €€€

♫ Bagni Elios
Lungomare Migliorini 4, Finale Ligure
✆ 019 69 50 14
Tagsüber ein Strandbad wie viele andere, abends drängen sich in und neben der großen Bar über dem Strand Hunderte Vergnügungs- und Tanzwillige.

Finalborgo

Das historische Wehrdorf liegt wenige Kilometer landeinwärts von Finale Ligure und ist von einer trutzigen Mauer umgeben, die prächtig ausgestattete Kollegiatskirche **San Biagio** am südlichen Ortseingang ist direkt ins Mauerwerk integriert. Nach dem Bummel durch die alten Pflastergassen sitzt man gemütlich auf der zentralen Piazza Garibaldi.

Wer gut zu Fuß ist, kann in etwa 50 Minuten zur malerisch gelegenen Ruine des **Castel Gavone** hinaufsteigen, der Weg beginnt beim Kloster **Santa Caterina** im Ortskern. Um mit dem Wagen dorthin zu kommen, fährt man in Richtung Calice Ligure und biegt vor der Autobahn auf eine schmale Hügelstraße nach **Perti** ab. Bei der Kirche **Sant'Eusebio** mit markanter Hallenkrypta stellt man den Wagen ab und genießt die idyllische Aussichtsterrasse der Osteria del Castel Gavone.

🏛 Civico Museo del Finale
17024 Finalborgo
✆ 019 69 00 20, www.museoarcheofinale.it
Juli/Aug. tägl. außer Mo 10–12 und 16–19, sonst 9–12 und 14.30–17 Uhr, Eintritt € 4/2
Das um zwei Kreuzgänge angelegte Archäologische Museum im restaurierten Kloster Santa Caterina zeigt lokale Fundstücke von der Prähistorie bis zum Mittelalter, ein Höhepunkt ist das Skelett eines Höhlenbären.

In den alten Pflastergassen von Finalborgo

 Osteria del Castel Gavone
Perti alto, Finalborgo
℃ 019 689 81 18, www.osteriadelcastelgavone.it, Mo geschl.
Ein wunderschönes Plätzchen neben der alten Burg, man sitzt unter Weinranken, Blick ins Grüne, ländliche Küche. Service nicht immer ganz optimal, doch die Lage ist nicht zu toppen. €–€€

Pietra Ligure

Kleiner Ort mit angenehm offen gebautem Zentrum, schöner Palmenpromenade und einem Strand, der an erfreulich vielen Stellen frei zugänglich ist. Die Ruine des alten Castello liegt im hinteren Ortsbereich, direkt neben der Durchgangsstraße Via Aurelia.

 Grotte di Borgio Verezzi
Am Ortsrand von Borgio Verezzi, einige km östlich von Pietra Ligure, ℃ 019 61 01 50, www.grottediborgio.it
Führungen tägl. außer Mo Juni–Sept. 9.30, 10.30, 11.30, 15.20, 16.20, 17.20, übrige Monate 9.30, 10.30, 11.30, 15, 16 und 17 Uhr, Eintritt mit Führung € 7
Die 1933 entdeckte Tropfsteinhöhle kann in einem 800 m langen Rundgang besichtigt werden, eindrucksvoll sind die Farbenvielfalt der Stalaktiten und Stalagmiten sowie mehrere kleine Höhlenseen mit grünlich schimmerndem Wasser.

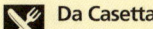 **Da Casetta**
Via XX Settembre 12, 17022 Borgio Verezzi (am Ortsrand parken und 5 Min. durch die engen Gassen gehen)
℃ 019 61 01 66, außer Aug. Di geschl.
Ruhige Lage am steil abfallenden Hauptplatz von Borgio, schattige Terrasse und gemütliche Speiseräume abseits vom Touristenstrom, traditionelle ligurische Küche mit Schwerpunkt auf Gerichten vom Land *(di terra)*. €€

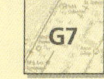

Grotte di Toirano und Castelvecchio di Rocca Barbena

Eins der großen Ausflugsziele im Hinterland der Küste sind die **Grotten von Toirano** in der Berglandschaft des Val Varatella. Von den insgesamt vier großen Tropfsteinhöhlen können zwei besichtigt werden, die durch einen künstlichen Gang miteinander verbunden wurden. Im Inneren hat man Skelette von Höhlenbären und Spuren von Steinzeitmenschen gefunden. Ein kleines Museum bewahrt die Funde.

Von Toirano kommt man auf panoramareicher Serpentinenstraße ins romantische Bergdorf **Castelvecchio di Rocca Barbena**, das mittlerweile als Ferienhausdomizil heiß begehrt ist. Viele der mittelalterlichen Häuser wurden restauriert, von der Piazza del Castello hat man einen herrlichen Blick über den Ort und das Tal.

👁 Le Grotte di Toirano

17055 Toirano, ✆ 01 82 980 62, www.toiranogrotte.it
Tägl. 9.30–12.30 und 14–17 (Juli/Aug. bis 17.30 Uhr), mit deutschsprachiger Führung, € 11/7 €
Die Führungen durch das Höhlensystem dauern etwa eine Std. Achtung: Die Temperatur beträgt auch im Hochsommer konstant 15 Grad, warme Sachen sind ratsam.

Albenga

Für kulturell Interessierte eins der interessantesten Ziele an der Riviera di Ponente. Das alte Zentrum der Stadt ist authentisch erhalten, hohe Geschlechtertürme aus Backstein ragen pittoresk in den Himmel, in den autofreien Granitpflastergassen kann man gemütlich bummeln und gut essen. Die große Badezone liegt einige Kilometer vor der Stadt.

Albenga: Campanile und Duomo San Michele

Der mittelalterliche Dom **San Michele** im Zentrum besitzt eine Freskodecke aus dem 19. Jh. und weist Stilelemente aus verschiedenen Jahrhunderten auf. Gleich in der Nachbarschaft steht der höchste Turm der Stadt, die Torre Comunale, mit dem kleinen archäologischen **Civico Museo Ingauno**. Vom Museum aus erreicht man das älteste Baudenkmal der Stadt, ein frühchristliches **Baptisterium** aus dem 5. Jh., im Inneren geschmückt mit Marmorsäulen und byzantinischen Mosaiken. Das interessante **Museo Navale Romano** liegt auf der entgegengesetzten Seite der Kirchenpiazza.

Im Hinterland kann man auf der SS 582 das mittelalterliche Städtchen **Zuccarello** besuchen. Die lange Hauptgasse ist beidseitig von Laubengängen gesäumt, eine Burgruine thront über dem Ort, zu erreichen über die Via Castello vom Ende der Laubengänge.

ℹ️ IAT
Piazza del Popolo 11, 17031 Albenga
✆ 01 82 55 84 44
http://turismo.provincia.savona.it

🏛️ Civico Museo Ingauno
Palazzo Vecchio del Comune
Via Nino Lamboglia Albenga
✆ 01 82 512 15, Mitte Juni–Mitte Sept. Di–
So 9.30–12.30 und 15.30–19.30, sonst 10–
12.30 und 14.30–18 Uhr, Eintritt € 3
Prähistorische und römische Funde.

🏛️ Museo Navale Romano
Palazzo Peloso Cipolla
Piazza San Michele 12, Albenga
✆ 01 82 512 15, tägl. außer Mo 9.30–12.30
und 15.30–19.30, im Winter 10–12.30 und
14.30–18 Uhr, Eintritt € 3

*Plausch vor dem mittelal-
terlichen Dom von Albenga*

Hier kann man die Reste eines römischen
Frachtschiffs und seiner Ladung betrach-
ten, das einst vor Albenga gesunken ist, dazu historische
Keramiken aus Albisola.

🍴☕ Enosfizioteca Conterosso
Via Torlaro 30, Albenga, ✆ 01 82 536 99, Mo geschl.
Im liebevoll restaurierten Bruch- und Backsteingewölbe trinkt man Wein und lässt sich dazu Fleisch
vom Grill, Bruschetta oder Polenta schmecken. €€

🍴 Usteria du Burgu
Via Tornatore 195, Zuccarello
✆ 01 82 791 00, Mo/Di geschl.
Bei Mario am nördlichen Ortseingang von Zuccarello gibt
es ländlich-leckere Hausmannskost nach wechselnden Re-
zepten, man kann auch draußen auf der Piazza sitzen. €

Alassio

Eine Hochburg des Rivieratourismus, schon seit über 100
Jahren. Altehrwürdige Hotelpaläste, der moderne Jacht-
hafen und ein bis auf den letzten Quadratmeter mit Ba-

H6/7

Das Internet-Village Colletta di Castelbianco   H6

Wenn man südlich von Zuccarello nach Westen abbiegt, kommt man nach
etwa 4 km in das modernste Bergdorf Liguriens. Noch vor 30 Jahren fast völlig verfallen, haben sich seitdem zahlreiche gut situierte Geschäftsleute niedergelassen und das Dörfchen perfekt restauriert. Die traditionelle Architektur der Häuser wurde beibehalten, doch jedes Haus im Inneren völlig modernisiert und mit Breitbandzugang für Internet und Digital-TV ausgestat-
tet. Im L'Aquila Colletta an der zentralen Piazzetta kann man relaxen und
die Sicht genießen. Es gibt einen gemeinsam genutzten Swimmingpool, ein
Restaurant und eine Locanda mit Fremdenzimmern, Apartments stehen
ebenfalls zur Vermietung. Informationen im Internet unter www.colletta.it.

deanstalten belegter Strand zeugen von der ungebrochenen Beliebtheit. *Baia del Sole* (Sonnenbucht) wird die nach Norden geschützte Bucht von Alassio auch genannt.

Durch die Altstadt zieht sich der *Budello* (= Schlauch bzw. Darm), eine lange, schmale Fußgängergasse mit vielen Geschäften, parallel dazu verläuft am kilometerlangen Strand die mit Restaurants und Bars restlos zugebaute Promenade. Auch abends und nachts findet man hier überall zahlreiche Möglichkeiten, sich zu vergnügen.

Zu Fuß am Strand entlang kommt man nach Südwesten in den hübschen Nachbarort **Laigueglia** (s. S. 51), nordöstlich kann man das **Capo Santa Croce** mit der gleichnamigen Kapelle erreichen und den herrlichen Ausblick über die Sonnenbucht genießen.

H6

H6/7

IAT
Palazzo del Comune, Piazza della Libertà 5
17031 Alassio
✆ 01 82 64 70 27, http://turismo.provincia.savona.it

Il Muretto
Via Dante, unterhalb des Palazzo del Comune an der Piazza Libertà, Alassio
Das legendäre »Mäuerchen« von Alassio besteht aus Hunderten bunter Kacheln mit Konterfeis und Schriftzügen von illustren Gästen des letzten Jahrhunderts. Der große Italienliebhaber Ernest Hemingway ist hier ebenso verewigt wie Woody Allen und viele andere berühmte und nicht ganz so berühmte Zeitgenossen.

Jacks's Scampi
Piazza dei Partigiani 3, Alassio, ✆ 01 82 64 04 97
Ein amerikanischer Veteran des Zweiten Weltkriegs hat das Ristorante an der palmenumsäumten Piazza eröffnet,

Olivenbäuerin in ihrem Hain

dekoriert mit Fotos der Befreiung Italiens durch die Alliierten. Auf der Speisekarte stehen natürlich Scampi, außerdem *Pesto genovese* und *Ravioli di pesce*. €€

Laigueglia

Kleiner und weniger trubelig als das benachbarte Alassio ist Laigueglia bis heute ein sympathischer Badeort geblieben, in dem noch Fischer ihr Auskommen finden. Die Fangboote liegen direkt am Strand zwischen den Badegästen, was an der touristisch hoch entwickelten Riviera leider nicht mehr selbstverständlich ist. Auch hier zieht sich eine gemütliche Bummelgasse durch den lang gestreckten Ortskern. Ab und an trifft man auf Plätze mit erklärenden Schildern zur Historie. Die zentrale Mole wird von einem alten Küstenwachturm beherrscht.

Imperia

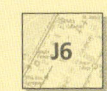

Die lang gestreckte Küstenstadt besteht aus dem modernen Ortsteil Oneglia mit großem Wirtschaftshafen und dem sich westlich anschließenden Porto Maurizio, dessen gut erhaltene Altstadt einen Hügel einnimmt. In letzterer steht Liguriens größte Basilika, der klassizistische Dom **San Maurizio**. Treppenwege führen weiter hinauf zum Aussichtspunkt vor der Kirche **San Pietro**. Im Arkadengang des benachbarten Klosters **Santa Chiara** haben sich Liebespaare verewigt.

i IAT
Viale Matteotti 37, 18100 Imperia
℡ 01 83 66 01 40, www.visitrivieradeifiori.it

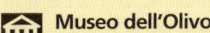
Museo dell'Olivo
Via Garessio 13, Oneglia, Imperia
℡ 01 83 29 57 62, www.museodellolivo.com
Tägl. außer So 9–12.30 und 15–18.30 Uhr, Eintritt frei
Ausstellung über die Geschichte des Olivenöls und seine Gewinnung in einer Jugendstilvilla der Fratelli Carli.

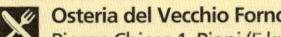
Osteria del Vecchio Forno
Piazza Chiesa 1, Piani (5 km nordwestl. an der Straße nach Caramagna), Imperia
℡ 01 83 78 02 69, nur abends, Mi geschl.
Schöne Terrasse mit Pergola, familiäre Atmosphäre, verfeinerte lokale Küche. €€

San Remo

Die größte Stadt der Riviera di Ponente ist in Italien seit mehr als fünf Jahrzehnten für ihr Schlagerfestival bekannt. Sie hat zwar nur 60 000 Einwohner, doch der Verkehr und die Geschäftigkeit lassen an eine Großstadt denken. Soziale Gegensätze fallen ins Auge – auf der einen

Das Spielcasino von San Remo

Seite das mondäne Spielcasino und die Adelspaläste des 19. Jh., andererseits die morbide und baufällig wirkende *Città Vecchia*, genannt **La Pigna** (Pinienzapfen), die sich mit ihren labyrinthischen Treppengassen einen Hügel hinaufwindet. Auf der Kuppe liegt der Park **Giardini Regina Elena** mit herrlichem Blick auf die Küste. Gut essen kann man unterhalb des zentralen Corso Matteotti an der intimen Piazza Sardi und in der schmalen Via Corradi, die beim Dom beginnt.

San Remo ist Mittelpunkt der sog. »Riviera dei Fiori« (Blumenriviera), die sich von Alassio bis Ventimiglia erstreckt und wo wegen der Milde des Klimas schon seit über hundert Jahren so gut wie jeder Küstenort ausgedehnte Blumenplantagen besitzt. Der berühmte Blumenmarkt von San Remo ist vor einigen Jahren in den Nachbarort **Bussana** umgezogen.

Sehenswert ist aber auch das oberhalb davon liegende Bergstädtchen **Bussana Vecchia**, das 1887 durch ein Erdbeben völlig zerstört wurde. Seit den 1950er Jahren haben sich hier Künstler niedergelassen und die Ruinenhäuser z.T. wieder bewohnbar gemacht. Unbedingt einen Abstecher wert ist schließlich das mittelalterliche Städtchen **Tággia** mit seiner lebendigen Architektur, die durch die Moderne kaum angetastet wurde – die hoch über dem Tal schwebende Autobahn muss man allerdings übersehen.

i IAT
Largo Nuvoloni 1, schräg gegenüber vom Bahnhof
18038 San Remo
℡ 01 84 590 59, Fax 01 84 50 76 49
www.visitrivieradeifiori.it

La Pigna
San Remo

Das Altstadtviertel ist in seiner Morbidität faszinierend. Von der Via Palazzo erreicht man durch ein seitliches Tor die Porta Santo Stefano, von der die überdachte Via Rivolte San Sebastiano nach La Pigna hinaufsteigt.

 Le Cantine Sanremesi
Am Beginn der Fußgängergasse Via Palazzo
San Remo
✆ 01 84 57 20 63, Mo geschl.
Urige Taverne, wo man hautnah an wenigen Tischen sitzt. Ordern kann man z.B. *focaccia*, *farinata*, *torta verde* und die ligurische *Pizza sardenaira*. €–€€

Bordighera

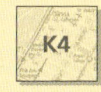

Ein Badekurort mit langer Tradition, Tausenden von Dattelpalmen und prächtigen Villen, das kleine Altstadtviertel oberhalb des großen Jachthafens übersieht man dabei fast. Beliebte Flanierzone ist der **Corso Italia** in der Neustadt. Die schöne Uferpromenade führt parallel zum langen Sandstrand zum **Capo Sant'Ampelio** mit der gleichnamigen Kapelle, wo im 5. Jh. der heilige Ampelius als Eremit lebte. Die Legende erzählt, dass er die Palmen in Bordighera heimisch gemacht hat, weil er Samen der ägyptischen Dattelpalme mitgebracht hatte.

 IAT
Via Vittorio Emanuele 174, Nähe Bahnhof
18012 Bordighera
✆ 01 84 26 23 22, www.visitrivieradeifiori.it

Giardino Pallanca
Via Madonna della Ruota 1, östlicher Ortsrand
Bordighera
✆ 01 84 26 63 47, www.pallanca.it
Mo 15–19, Di–So 9–12.30 und 15–19 Uhr, Eintritt € 6
Großartiger Küstenpark mit Tausenden von Kakteen und anderen Sukkulenten.

Museo dell'Italia che canta
Via Roma 108

Italienische Lebensart

I Palmurelli: Palmwedel für den Vatikan

Bereits seit 1586 ordert der Vatikan aus Bordighera alljährlich Palmwedel für die Osterfeierlichkeiten in Rom. In jenem Jahr verhinderte nämlich ein Seemann aus San Remo/Bordighera die Zerstörung des ägyptischen Obelisken auf der Piazza del Popolo, der gerade aufgerichtet wurde. Als die Seile zu reißen drohten, hatte er den rettenden Einfall und rief: »Macht die Seile nass!« Damit rettete er den Obelisken und Bordighera erhielt vom dankbaren Papst Sixtus V. das Privileg der österlichen Palmwedel »für die Ewigkeit«.

 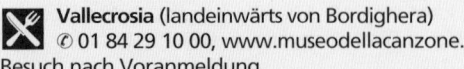

Vallecrosia (landeinwärts von Bordighera)
℡ 01 84 29 10 00, www.museodellacanzone.it
Besuch nach Voranmeldung

Erio Tripodis originelles Museum zu Ehren des italienischen Schlagers hat seinen Platz in einem historischen Eisenbahnzug. In den Waggons sind Tonträger aller Art ausgestellt: Grammophone, Spieluhren, Drehorgeln, dazu gibt es zahllose Schallplatten. Im angeschlossenen Restaurant kann man sich stärken.

Magiargè Vino e Cucina
Piazza Giacomo Viale, im Centro Storico, Nähe Piazza de Amicis, Bordighera
℡ 01 84 26 29 46, Mo/Di mittags geschl.

Die hübsch an einer kleinen Piazza gelegene Osteria bietet täglich wechselnde Gerichte maritimer Tradition, dazu eine beachtliche Auswahl leckerer Tropfen. €€

Ventimiglia

XXmiglia (*venti* = XX) ist eine typische Grenzstadt, zweisprachige bzw. französische Ladenschilder sind die Regel, zahlreiche Geschäfte sind auf eilige Durchreisende eingerichtet. Der Fluss Roia trennt die Neustadt von der heruntergekommen wirkenden Altstadt, die sich mit düsteren Gassen und Palazzi einen Hügel hinaufzieht. Die romanische Kathedrale **Santa Maria Assunta** steht dort auf einem früheren Sakralbau, dessen Fundamente bei Ausgrabungen entdeckt wurden.

Mimosen in den Giardini Botanici Hanbury in Ventimiglia

Am Rand der Neustadt liegen die Grundmauern der römischen Stadt **Albintimilium**, u.a. hat man ein großes Theater ausgegraben. Fundstücke aus Albintimilium sind in der Küstenfestung **Forte dell'Annunziata** an der Küstenstraße untergebracht.

Kurz vor der französischen Grenze erreicht man nach schöner Fahrt das **Capo Mortola** mit den berühmten **Giardini Botanici Hanbury**. Der im Asienhandel reich gewordene Thomas Hanbury legte 1867 den Grundstock und machte hier im geschützten Mikroklima des Kaps eine Vielzahl von exotischen Pflanzen aus Afrika und Asien heimisch. Seine Familie setzte das Werk fort,

An der Promenade in Ventimiglia

bis der Park im Zweiten Weltkrieg zerstört wurde. In den 1980er Jahren begann man mit dem Wiederaufbau und heute gedeihen hier wieder Tausende von Pflanzen aus aller Welt, so dass er zu den schönsten botanischen Gärten Europas gezählt wird.

2 km weiter kommt man unmittelbar an der Grenze zu den roten Sandsteinfelsen namens **Balzi Rossi**. In einem Dutzend Wohnhöhlen hat man hier steinzeitliche Menschenknochen und Felszeichnungen gefunden, die z.T. über 200 000 Jahre alt sind. Herrlich ist der Blick hinüber zur französischen Stadt Menton.

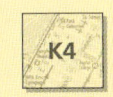

10 km landeinwärts von Ventimiglia liegt das malerische Weinstädtchen **Dolceacqua** mit einer imposanten Burgruine der Doria. Der Fluss Nervia wird hier von einer 32 Meter breiten Bogenbrücke überspannt. Im Umkreis wird der Rotwein »Rossese di Dolceacqua« angebaut, der als erster aller ligurischen Weine das DOC-Prädikat erhielt.

Mercato Settimanale
Lungo Roia G. Rossi, Via Vittorio Veneto
Ventimiglia
Riesiger Wochenmarkt auf der Neustadtseite des Flusses, findet jeden Freitag Vormittag statt und gehört zu den größten im Land.

Mit der Tendabahn von Ligurien ins Piemont

Highlight für alle Bahnliebhaber ist die Bahnstrecke von Ventimiglia über Airole, Breil-sur-Roya, Tenda und Limone nach Cúneo und weiter nach Turin. Unter Kennern gilt sie als eine der schönsten Alpenlinien. Mehrmals täglich fährt der Zug das gewundene Tal des Flusses Roya entlang, der sich zwischen hohen Berghängen seinen Weg bahnt, durchquert dabei ein Stück von Frankreich und erreicht nach dem Tunnel am Colle di Tenda (1908 m) wieder italienisches Gebiet. Fahrzeit bis Turin ca. vier bis fünf Stunden, z. T. muss man in Fossano oder Cúneo umsteigen.

Archäologisches Museum Forte dell'Annunziata
Via Verdi 41, 18039 Ventimiglia
℡ 01 84 35 11 81, www.fortedellannunziata.it
Di–Sa 9.30–12.30 und 15–17, So 10–12.30 Uhr, Eintritt € 3

Giardini Botanici Hanbury
18039 La Mortola Inferiore
℡ 01 84 22 95 07, www.giardinihanbury.com
Mitte Juni–Mitte Sept. tägl. 9.30–18, Mitte Okt.–Feb. Di–So
9.30–16, sonst tägl. 9.30–17 Uhr, Eintritt € 7,50/6

Balzi Rossi
Via Balzi Rossi 9
℡ 01 84 3 81 13, tägl. außer Mo 9–19 Uhr, Eintritt € 2
Außer den Höhlen gibt es ein kleines Museum, das
Thomas Hanbury bereits 1898 gegründet hat. Ein
Teil der Funde ist hier untergebracht.

Azienda Agrituristica Terre Bianche
Località Arcagna, oberhalb von Dolceacqua
℡ 01 84 314 26, www.terrebianche.com
Das große Weingut bietet im hauseigenen Restaurant ausgezeichnete Gerichte Liguriens und der Provence,
dazu natürlich den »Rossese di Dolceacqua«. €€

PIEMONT

Westlich und südwestlich von Turin

Sacra di San Michele

Am Beginn des Susatals thront die fast tausend Jahre alte
Abtei bühnenbildgleich auf dem hoch aufragenden Monte Pirchiriano (962 m). Nach dem Mont Saint-Michel in der
Normandie ist sie Europas wichtigstes Heiligtum für den
Erzengel Michael.

Figürliches Kapitell der Sacra di San Michele im Susatal

Eine 12 km lange Panoramastraße zieht sich steil hinauf
bis zu einem Parkplatz, dann muss man noch 15 Minuten
zu Fuß aufwärts steigen. Tipp für Fußgänger: Von der Kirche in Chiusa San Michele führt ein ruhiger Weg hinauf
(ca. 1 Std.). Oben angelangt nimmt man eine eng an den
Fels geschmiegte Treppe – **Scalone dei Morti** (Treppe der
Toten) genannt, weil am Weg zahlreiche Äbte des
Klosters begraben liegen – zur **Porta dello Zodiaco** unterhalb der Apsis. Der helle Kirchenraum mit seinen
über hundert kunstvollen Säulenkapitellen zeigt sich romanisch, die
Apsis gotisch.

Im **Coro Vecchio** liegen Mitglieder des savoyischen Königshauses
begraben. Von einem Aussichtspunkt an der linken Kirchenseite

Der Mann mit der eisernen Maske

In den 1680er Jahren lebte in Exilles ein geheimnisvoller Gefangener, der stets eine Maske tragen musste – Voltaire sprach von einer eisernen Maske, berichtet wird aber auch von einer Maske aus schwarzem Samt. Es wird vermutet, dass es sich dabei um einen unehelichen Sohn des französischen Königs oder seinen Zwillingsbruder handelte, der gefangen gehalten wurde, um die Regentschaft nicht zu gefährden. Man verlegte ihn unter hohem Aufwand immer wieder in andere Gefängnisse, bis er 1703 starb. In »Der Mann in der eisernen Maske« wurde der fantasieanregende Stoff 1998 mit Leonardo DiCaprio in der Titelrolle verfilmt.

eröffnet sich ein wunderbarer Blick ins Susatal und auf die Alpengipfel.

👁 Sacra di San Michele
✆ 011 93 91 30, www.sacradisanmichele.com
Mitte März–Mitte Okt. Di–So 9–12.30 und 14.30–18 (Juli–Sept. auch Mo), im Winter Di–So 9–17 Uhr, Eintritt € 4

Exilles

14 km westlich der früheren Römerstadt Susa kommt man ins Örtchen **Exilles** mit einer beeindruckenden Festung aus dem 19. Jh. Schon seit römischer Zeit gab es hier eine Grenzburg, die unter wechselnden Herrschern ausgebaut und von Napoleon geschleift wurde. Doch bereits in der ersten Hälfte des 19. Jh. benötigte das Königreich Sardinien-Piemont wieder eine Sicherung des Alpenübergangs und so wurde eine für die damalige Zeit hochmoderne Kanonenfestung erbaut, die besichtigt werden kann.

👁 Festung Exilles
✆ 01 225 82 70, www.fortediexilles.it
Tägl. außer Mo Mitte März–Mitte Okt. 10–19, sonst 10–14 Uhr, Eintritt € 6

Val del Chisone

Im Val del Chisone liegt der Wintersportort **Sestriere**, in dem 2006 die alpinen Wettbewerbe der XX. Olympischen Winterspiele stattfanden. Vorher, etwa 75 km von Turin, passiert man die gewaltige Bergfestung **Le Fenestrelle** aus dem 18. Jh., die sich mit mehreren Kanonenforts auf 3 km Länge vom Flusstal bis auf eine Hochebene zieht, begleitet von der »Scala Coperta«, einer überdachten Treppe mit 4000 Stufen und der »Scala Reale« mit 2500 Stufen.

ℹ Pro Loco
Piazza della Fiera 1, 10060 Fenestrelle
✆ 01 218 36 17

👁 Le Fenestrelle
Via del Forte 1, Fenestrelle
✆ 01 218 36 00, www.fortedifenestrelle.com

Juli/Aug. tägl. 9–18 Uhr, übrige Zeit nur Do–So, telefonische oder persönliche Voranmeldung im Pro Loco obligatorisch
Es werden Rundgänge von einer bis zu mehreren Stunden geboten (€ 5–12 pro Person).

Steinpilz aus dem Piemont

Castello di Racconigi

Etwa 40 km südlich von Turin steht das prunkvoll ausgestattete Schloss der Savoyer in **Racconigi** an der SS 20 nach Cúneo. Einen Teil der mit Fresken und historischem Mobiliar ausgestatteten 300 (!) Räume kann man besichtigen, darunter die offiziellen Empfangsräume, Privatgemächer, Ballsaal, Speisesaal und die riesige Küche. Im großen Park kann man im Anschluss spazierengehen.

Castello di Racconigi
✆ 01 728 40 05, www.ilcastellodiracconigi.it
Castello: tägl. außer Mo 9–19.30 Uhr, nur mit Führung, Eintritt € 6; Park: tägl. außer Mo 10–19 Uhr, Eintritt € 3; von 6–25 Jahren € 1,50, unter 18 und über 65 Jahre frei

Saluzzo

Die Saluzzer Markgrafen hatten die Stadt am Rand des westlichen Alpenbogens im Spätmittelalter zu ihrer Residenz erkoren und entsprechend ausgebaut.

Im unteren Stadtbereich steht die spätgotische Backsteinkathedrale **Santa Maria Assunta**. Schräg gegenüber betritt man durch die **Antica Porta Santa Maria** die ruhige Altstadt, durchquert die **Via Porti Scur**, so genannt wegen ihrer dunklen Torbögen, und steigt die steile, kieselgepflasterte **Salita al Castello** zur Burg in der Oberstadt hinauf. Unterwegs passiert man den **Palazzo Comunale** und könnte dort den 48 m hohen Stadtturm **Torre Civica** besteigen. Das Kastell **La Castiglia** steht am höchsten Punkt und wird derzeit zum Kulturzentrum umgebaut.

Vom Palazzo Comunale kommt man zur Kirche **San Giovanni**, die im 14. Jh. von den Dominikanern zur dreischiffigen gotischen Basilika erweitert wurde. In den Innenraum mit Kreuzrippengewölbe steigt man über Stufen hinunter. Hinter dem Altar kann man das Grabmal des Grafen Ludovico II. (gestorben 1504) betrachten, am Sarkophag sind die vier Tugenden dargestellt: *prudentia* (Weisheit), *caritas* (Barmherzigkeit), *spes* (Hoffnung) und *fides* (Treue). Das angeschlossene Kloster besitzt einen besonders schönen Kreuzgang mit Refektorium und Kapitelsaal, in letzterem ist ein prächtiges Kreuzigungsfresko erhalten. Gleich in der Nähe kann die **Casa Cavassa** besichtigt werden. In den Innenräumen des L-förmigen Renaissance-Palastes sind noch Fresken und bemalte Holzdecken erhalten, ergänzt durch historisches Mobiliar.

Aber auch in der Umgebung von Saluzzo gibt es einiges zu sehen. Wunderschön sind die spätgotischen Freskenzyklen im **Castello di Manta** wenige Kilometer südlich der Stadt: »Eroi ed Eroine«, neun Helden und neun Heldinnen aus Mythologie und Geschichte, die die höfischen Tugenden verkörpern, und gegenüber die Fontana della Giovinezza, der Jungbrunnen, wo der Traum des ewigen Lebens ironisch thematisiert wird.

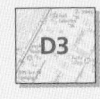

10 km nordwestlich von Saluzzo erreicht man am Eingang zum Valle Po die Zisterzienserabtei **Abbazia di Staffarda**, eins der bedeutendsten Klöster im Piemont, ebenfalls gestiftet von den Saluzzer Grafen. Die romanisch-gotische Kirche besitzt einen prächtigen vergoldeten Altar und beeindruckt durch das reizvolle Farbenspiel von Backsteinrot, Grau und Weiß. Vom idyllischen Kreuzgang kommt man ins Refektorium und in den schönen Kapitelsaal.

i IAT
Piazza Risorgimento 1, 12037 Saluzzo
℡ 01 75 467 10
www.comune.saluzzo.cn.it, www.saluzzoturistica.it

◉ Torre Civica
Via San Giovanni, Saluzzo
März–Sept. Do–So 10.30–12.30 und 14.30–18.30 Uhr, im Winter nur Sa/So, Eintritt € 1,50

◉ Casa Cavassa
Via San Giovanni 5, 12037 Saluzzo
℡ 01 75 414 55, www.casacavassa.it
April–Sept. Do–So 10–13 und 14–18, Okt.–März nur bis 17 Uhr, Di/Mi Einlass nur um 11 und um 15 Uhr für ca. 45 Min. Besichtigung, Mo geschl.
Eintritt € 4,50/2, Kombiticket mit Torre Civica € 5

◉ Castello della Manta
Manta, ℡ 01 75 878 22, www.fondoambiente.it
März–Sept. tägl. außer Mo 10–18 , Okt.–Dez. nur bis 17 Uhr, Mo geschl., Eintritt ca. 5 €

◉ Abbazia di Staffarda
Piazza Roma 2, Località Revello, Saluzzo
℡ 01 75 27 32 15
Tägl. außer Mo 9–12.30 und 13–17, Mi erst ab 11, letzter Einlass 16.30 Uhr
Eintritt € 5,20, Familienticket € 11,50 mit einem Kind bzw. € 15,50 mit zwei Kindern

Cúneo

Die betriebsame Provinzhauptstadt liegt auf einem keilförmigen Plateau (*cúneo* = Keil) zwischen zwei Flüssen. Die **Piazza Galimberti** im Zentrum ist einer der größten Plätze des Piemont. Auf der schnurgeraden Hauptstraße kann man im Schatten langer Arkadengänge angenehm bummeln. Sehenswert ist vor allem die Sammlung im **Museo Civico** im früheren Kloster San Francesco mit einer weitgefächerten Sammlung von der Prähistorie über römische und langobardische Exponate bis zu historischen Trachten, Landwirtschaftsgeräten und Webstühlen.

ATL (Agenzia Turistica Locale)
Via Vittorio Amedeo II 8a, 12100 Cúneo
℡ 01 71 69 02 17, www.cuneoholiday.com

Osteria del Chiocciola
Via Fossano 1, Cúneo, ℡ 01 71 662 77, So geschl.
Gut sortierte Enoteca mit Restaurant mitten in der Altstadt, im ersten Stock pastellfarbener Speisesaal, kreative Küche, Weine aus Piemont und Frankreich. €€

Märkte
Der große Wochenmarkt Cúneos findet jeden Di an der zentralen Piazza Galimberti statt. Die reichhaltig bestückte **Markthalle** steht an der Piazza Seminario.

Asti und die Weinbaugebiete Monferrato, Langhe und Roero

Die Hügel südöstlich von Turin bilden eine der renommiertesten Weinbauregionen Italiens. Weine von Weltrang – viele mit DOC oder DOCG-Prädikat – werden in der toskanahaft anmutenden Landschaft mit ihren kleinen Hügeldörfern und stolzen Castelli produziert: der volle und kräftige Barolo, der samtigere Barbaresco und der fruchtig-herbe Barbera. Zahlreiche hochklassige und oft stilvoll-gepflegte Restaurants und Osterien bieten ausgezeichnete und vielseitige Küche auf der Basis lokaler Pro-

Das Castello in Grinzane Cavour

Roter Backstein ist ebenso typisch für Asti wie der berühmte süße Sekt

dukte, wobei die Gerichte mit den raren Trüffelpilzen besonders geschätzt werden, deren Ernte fast zur gleichen Zeit wie die Weinlese stattfindet.

Die Zahl der Weinkellereien und Winzer geht in die Hunderte. Einen ausgezeichneten Überblick über ihre Produkte erhält man in den bestens sortierten Önotheken von **Barolo**, **Barbaresco**, **Costigliole d'Asti**, **Grinzane Cavour** und **Acqui Terme**, die z.T. sehr stilvoll in alten Kastellen untergebracht sind.

Asti

Die Hauptstadt des Monferrato ist eine touristisch nicht überlaufene Stadt, in der man in zahlreichen Lokalen und Enoteche gut essen und trinken und aus deren Feinschmeckerläden man die süßen Leckereien des Piemont mitnehmen kann. Weltbekannt ist natürlich vor allem der prickelnde Asti Spumante, aber Musikliebhabern ist auch der 1937 in Asti geborene Liedermacher Paolo Conte ein Begriff.

Zentrum der Stadt ist die große dreieckige **Piazza Alfieri**, an der der lange, mit Granit gepflasterte **Corso Alfieri** vorbeiläuft, der das ganze Zentrum durchzieht. Im Umkreis liegen die Gassen und Plätze der Altstadt. Die Backsteinkathedrale **Santa Maria Assunta** steht nördlich vom Corso und ist die größte gotische Kirche im Piemont. Die herrliche Fassade mit drei Rosetten und großem Portal beeindruckt ebenso wie die prächtigen Rokoko-Fresken im dreischiffigen Inneren.

Südlich vom Corso steht auf einer hübschen Piazza der Altstadt die romanisch-gotische Kirche **San Secondo**. In der ersten Seitenkapelle rechts werden die Banner für die Sieger des alljährlichen Palio aufbewahrt. Am Ende des rechten Seitenschiffs soll einst San Secondo, der Schutzheilige der Stadt, enthauptet worden sein. In der alten

Krypta, deren älteste Säulen aus dem 8. Jh. stammen, ruhen seine Gebeine. Direkt am Corso Alfieri kann man **Sant'Anastasio** besichtigen, eine archäologische Ausgrabungsstätte mit römischen Relikten, schöner Krypta und angeschlossenem Museum.

 Asti Turismo
Palazzo della Provincia, Piazza Alfieri 29
14100 Asti
✆ 01 41 53 03 57, www.astiturismo.it
Es wird Deutsch gesprochen.

Sant'Anastasio
Corso Alfieri 365/A, Asti
✆ 01 41 43 74 54
Tägl. außer Mo 10–13 und 16–19 Uhr
Eintritt € 3,50

L'Angolo del Beato
Via Guttuari 12, Asti
✆ 01 41 53 16 68
www.angolodelbeato.it
So geschl.
Beste piemontesische Küche in elegant-gemütlichem Ambiente, dazu 400 Weinetiketten. €€–€€€

Muskateller-Trauben für den aromatischen Asti Spumante

 Tacabanda
Via Al Teatro Alfieri 5, Asti
✆ 01 41 53 09 99, Mi geschl.
Die Osteria beim Theater bietet klassisch-kreative piemontesische Küche mit sorgfältiger Weinauswahl, wobei der Barbera im Mittelpunkt steht. Im Sommer kann man auch sehr schön im Freien essen. €€

Il Diavolo Rosso
Piazza San Martino 4, Altstadt, Asti
✆ 01 41 35 56 99, www.diavolorosso.it
Das Kulturprojekt in der aufgelassenen Kirche San Michele ist dem lokalen Radrennmatador Giovanni Gerbi (1885–1954) gewidmet – daher auch der Name: Diavolo Rosso, roter Teufel, so wurde Gerbi genannt. Mehrmals im Jahr finden hier Konzerte, Ausstellungen und Theateraufführungen statt, an den anderen Tagen trifft man sich zu einem Glas Barbera.

Daneben liegt die gemütliche **Osteria del Diavolo** (Mo/Di geschl.) mit kleinem Gastgarten, wo man klassische piemontesische und ligurische Gerichte versuchen kann. €–€€

Davide Barbero
Via Brofferio 84, Asti
www.barberodavide.it

Das Haus Davide Barbero ist seit 1883 Spezialist für Schokolade und den süßen *torrone d'Asti* (weißer Nougat).

 Palio d'Asti
3. So im Sept.
Das Stadtfest zu Ehren des Stadtheiligen San Secondo beginnt mit einem großen Umzug in historischen Kostümen, nachmittags folgen dann die Vorläufe zum entscheidenden Pferderennen an der Piazza Alfieri. Nicht mitmachen darf übrigens die Nachbarstadt Alba, denn diese hatte in der Vergangenheit zu oft gewonnen. Aber die Albeser haben sich bitter gerächt und den **Palio degli Asini** erfunden, einen Wettlauf mit Eseln.

Ausflugsziele von Asti:

Castelnuovo Don Bosco

Der bekannte Wallfahrtsort liegt im nördlichen Astigiano, nicht weit von Turin. 1815 wurde hier Don Giovanni Bosco geboren, der Gründer des Ordens der Salesianer, die sich weltweit um die Förderung von Jugendlichen kümmern, – die Idee dazu hatte er bereits als Neunjähriger nach einem Traum, in dem ihm Christus erschienen war. 1934 wurde er von Papst Pius XI. heilig gesprochen. Auf dem Hügel **Colle Don Bosco**, 4 km südlich vom historischen Zentrum, liegt das Pilgerzentrum mit seiner monumentalen Kuppelkirche **Chiesa superiore** (Oberkirche) und der kleineren **Chiesa inferiore** (Unterkirche), dem bescheidenen Geburtshaus des Ordensgründers, dem **Bauernmuseum Vita contadina dell'800** und einem **Missionsmuseum** der Salesianer.

7 km nördlich von Castelnuovo Don Bosco kommt man in das schön gelegene Dörfchen Albugnano. Etwas unterhalb davon steht die **Abbazia di Vezzolano**, eine romanische Augustinerabtei von hoher kunsthistorischer Bedeutung.

Piemontesischer Käse und Wein

Santuario Colle Don Bosco

14022 Colle Don Bosco, www.colledonbosco.it
Kirchen tägl. 7–12 und 14–18 Uhr, Gottesdienst Mo–Sa 7, 8, 11 und 17, So 8, 9.30, 11, 16 und 18.15 Uhr, Geburtshaus 10–12 und 14.30–17.30 Uhr, Mo geschl.
Die Kuppel der 1984 geweihten Oberkirche hat eine Höhe von 80 m. Dominierend hängt über dem Altar eine 8 m hohe Christusfigur, die dem Traum des 9-jährigen Giovanni nachempfunden ist. In der Unterkirche stellen Skulpturen den Kreuzweg dar, hinter dem Altar ist eine Reliquie des hl. Don Bosco erhalten. Das kleine Elternhaus Giovannis und eine Ausstellung im Pferdestall können besichtigt werden.

Museo Vita contadina dell'800 und Museo Etnologico Missionario

Colle Don Bosco
© 011 98 771 68
Tägl. außer Mo 10–12 und 14.30–18, im Winter bis 17 Uhr
Das Bauernmuseum zeigt die Umgebung, in der Giovanni Bosco seine Kindheit und Jugend verlebte, ein Bauernhaus ist originalgetreu rekonstruiert. Im Missionsmuseum haben die Salesianer Tausende von Gegenständen aus den Ländern zusammengetragen, wo sie tätig sind.

Abbazia di Vezzolano

Strada dell'Abbazia, 14100 Albugnano
© 011 99 206 07
Tägl. außer Mo 9–12.30, 14–18.30, im Winter 9–12 und 14–18.30 Uhr
Die dreischiffige Kirche besitzt eine harmonische Fassade mit drei Reihen von Blendarkaden, Säulchen und Skulpturen. Im Inneren beeindruckt der Lettner mit fünf spitzen Arkadenbögen und zwei großen Relieftafeln. Angeschlossen ist ein Kreuzgang mit Fresken des 14. Jh.

Costigliole d'Asti

Ein klassisches Castello mit Rundtürmen und zwei Flügeln überragt den kleinen Ort auf halber Strecke zwischen Asti und Alba. In einen Flügel des Schlosses finden Ausstellungen und Veranstaltungen statt, im anderen hat das Italian Culinary Institute for Foreigners (ICIF) seinen Sitz. Hier werden ausländischen Köchen die Feinheiten der italienischen Kochkunst näher gebracht (www.icif.com). Der Park ist frei zugänglich.

Cantina Comunale dei Vini di Costigliole

Via Roma 9
10455 Costigliole d'Asti
© 01 41 96 16 61, www.cantinavini.it
Di–Fr 10–13, Sa/So 10–12 und 15.30–19 Uhr
Weinverkostung im großzügigen Keller des Rathauses.

Caffè Roma

Piazza Umberto I 14, Costigliole d'Asti

Hier hat der Weinbau Tradition: Costigliole d'Asti

℡ 01 41 96 65 44, Mo geschl.
Rustikale Enoteca mit guten Weinen, dazu Käse, Wurstwaren und auch einige warme Gerichte. Von mittags bis abends durchgehend geöffnet.

Canelli
Das kleine Städtchen südöstlich von Costigliole d'Asti gilt als Hauptstadt des Spumante – in den langen Gängen und Gewölben unter der Altstadt reifen die kostbaren Tropfen in langen Reihen. Carlo Gancia hat hier 1865 den ersten Spumante Italiens erfunden, die Sektkellerei »Fratelli Gancia« gibt es bis heute (www.gancia.it).

D7

 San Marco
Via Alba 136, 14053 Canelli
℡ 01 41 82 35 44, www.sanmarcoristorante.it
Di Abend und Mi geschl.
Seit vielen Jahren genießt dieses Restaurant den Ruf, beste piemontesische Küche mit ausgewählten Zutaten und darüber hinaus eine wunderbare Weinkarte mit 600 Etiketten anzubieten. Seine Michelin-Auszeichnung verteidigt es schon lange. €€–€€€

Piccolo San Remo »dal Baron«
Via Alba 179, Canelli
℡ 01 41 82 39 44, So Abend und Mo geschl.
Beim »Baron« und seinem Sohn isst man gut und zu angemessenen Preisen, z.B. eine Minestrone mit zwölf Sorten Gemüse und Kaninchen mit aromatischen Kräutern gewürzt. €€

Barbaresco

Das kleine Dorf ist die Heimat des gleichnamigen Weines, der in Konkurrenz zum berühmten Barolo steht. Die **Enoteca del Barbaresco** ist in der ehemaligen Kirche San Donato untergebracht, hier kann man die Barbaresco-Weine von etwa 80 verschiedenen Winzern in Ruhe verkosten.

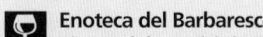 **Enoteca del Barbaresco**
Piazza del Municipio 7, 12050 Barbaresco
✆ 01 73 63 52 51, www.enotecadelbarbaresco.it
Tägl. außer Mi 10–19 Uhr, Jan. und 10 Tage im Juli geschl.
Degustation € 1,50/Glas, bei Kauf ist die Degustation gratis.

Néive

Das im Zentrum recht reizvolle Hügeldorf liegt wenige Kilometer östlich von Barbaresco. Neben seinen exzellenten Weinen ist es die berühmte Grapperia von **Romano Levi**, die Besucher von nah und fern anzieht. Romano Levi hat die Destillerie 1945 von seiner Mutter übernommen und ist ihr über fünfzig Jahre lang treu geblieben. Heute wird sie von Giorgio Toso geführt, der hier ebenfalls schon über zwei Jahrzehnte arbeitet.

 Grappe Romano Levi
Via Settembre 44, 12052 Neive
✆ 01 73 67 051, www.grapparomanolevi.it
Die von Romano Levi entworfenen Etiketten erzielen Höchstpreise, aber auch für eine Flasche Tresterschnaps muss man gut € 30 investieren.

Alba

Das mittelalterliche Städtchen ist das Zentrum der Region Langhe. Mit seinen schlanken Geschlechtertürmen und dem großen Backsteindom ist es vor allem ein Reiseziel für bekennende Gourmets, denn hier finden sie exzellente Rotweine und die berühmten weißen Trüffelpilze *tartufi bianchi*. Überall in den schmalen Gassen werden kulinarische Kostbarkeiten angeboten und jeden Samstag findet ein großer Wochenmarkt statt, der bis auf das Mittelalter zurückgeht.

Die Trüffel werden im Oktober geerntet, dann findet die große **Fiera Nazionale del Tartufo Bianco d'Alba** statt, zu der Gastronomen und Händler aus ganz Italien anreisen.

 Ente Turismo Alba Bra Langhe e Roero
Piazza Risorgimento 2, 12051 Alba
✆ 01 73 358 33, www.langheroero.it
Viele deutschsprachige Broschüren über Weinkeller und Degustation.

 Osteria dell'Arco
Piazza Savona 5/a, Alba

Weiße und schwarze Tüffeln auf dem Markt in Alba

Trüffelsucher

Trüffel sind unterirdisch wachsende Schlauchpilze. Für die Suche danach verwendet man abgerichtete Hunde. Die *trifolai* (Trüffelsucher) halten ihre Fundstellen streng geheim, weil dort immer wieder neue Trüffel entstehen, und lassen ihre Hunde am liebsten nachts nach den begehrten Knollen schnüffeln. Die Preise für die wertvollen, kartoffelförmigen Edelpilze beginnen bei etwa € 40 für 25 g (Portion für zwei Personen).

✆ 01 73 36 39 74, www.osteriadellarco.it
So (außer Herbst) und Mo geschl.
Etwas versteckt im Hinterhof liegt diese alteingesessene Slowfood-Trattoria, die seit vielen Jahren konstante Qualität zu erfreulichen Preisen bietet. €€

 Lalibera
Via Pertinace 24/a, Alba
✆ 01 73 29 31 55, www.lalibera.com
Mo Mittag und So geschl.
Ein Newcomer, der sein Handwerk versteht. Helle Räumlichkeiten in ansprechendem Design, wunderbare Küche, sogar Fisch gibt es hier, dazu eine erfreuliche Weinauswahl. €€

 Cremeria Berta
Via V. Emanuele II 16/a, Alba
Süße Verführungen wie *tartufi dolci* (Marzipangebäck in Trüffelform) und Haselnussnougat-Pralinen namens *gianduiotti*.

 Tartufi Morra und **Tartufi Ponzio**
– Piazza Pertinace 3, Alba
www.tartufimorra.com
– Via V. Emanuele II 26, www.tartufiponzio.com
Die beiden renommiertesten Adressen für Trüffel bieten alles rund um die begehrten Knollenpilze.

Grinzane Cavour

Einzige, aber hochkarätige Sehenswürdigkeit des kleinen Orts ist das trutzige Backsteinkastell. Von 1832 bis 1849 lebte hier als Bürgermeister der spätere Ministerpräsident **Camillo Benso di Cavour**, der die nationalstaatliche Einigung Italiens entscheidend voranbrachte und deshalb gerne »Bismarck Italiens« genannt wird. Es gibt wohl keine Stadt in Italien, die nicht eine Via Cavour aufzuweisen hat, aber hier wurde sogar ein ganzer Ort umbenannt – aus Grinzane wurde Grinzane Cavour.

Heute ist im Schloss die **Enoteca Regionale Piemontese** untergebracht, die älteste Önothek des gesamten Piemont (seit 1967). Dazu gibt es das exzellente Restaurant **Trattoria del Castello** sowie eine volkskundliche Sammlung.

 Castello Grinzane Cavour
Via Castello 5, 12060 Grinzane Cavour
℗ 01 73 26 21 59, www.castellogrinzane.com
Tägl. außer Di 9.30–19, im Winter bis 18 Uhr, Jan. geschl., Führungen jeweils zur vollen Stunde
Eintritt € 4,50
Die Degustation in der Enoteca kostet € 2–4 pro Glas.

La Morra

Weinverkostung beim Barolo-Winzer Elio Altare in La Morra

La Morra ist Zentrum des Weinbaus in der Langhe – Barolo, Barbaresco, Dolcetto u.a. berühmte Tropfen werden hier produziert, zahlreiche renommierte Weingüter liegen dicht beieinander. Von der Piazza Castello kann man die herrliche Aussicht genießen, vom Castello ist allerdings nichts mehr erhalten, an dessen Stelle steht das Restaurant »Belvedere«.

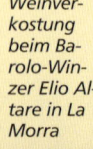

Belvedere
Piazza Castello 5
12064 La Morra, ℗ 01 73 501 90
www.belvederelamorra.it
So Abend und Mo geschl.
Seit über 40 Jahren von Familie Bovio geführt, herrlicher Blick von der Aussichtsterrasse des Ortes, traditionelle piemontesische Küche, Weinkeller mit über 1000 Etiketten. €€

Barolo

Der berühmteste Weinort des Piemont, denn hier gedeiht er, der König der Weine« oder der »Wein der Könige«. Vollendet stilgerecht zeigt sich dazu das prachtvolle **Castello Falletti**, das mit seinen freskenverzierten Sälen zur Besichtigung offensteht und auch

Barolo, der berühmteste Weinort des Piemont

ein kleines Weinbaumuseum besitzt. Danach steigt man gerne in den Keller hinunter, wo die **Enoteca Regionale del Barolo** auf den Besuch von Weinliebhabern wartet.

D5

 Castello Falletti
12060 Barolo, ✆ 01 73 562 77
Besichtigung mit Führung tägl. außer Do 10–12.30 und 15–18.30 Uhr, Jan. geschl.
Eintritt € 3,50/2, Degustation € 2–4 pro Glas.

Serralunga d'Alba

D6

Eine stolze mittelalterliche Burg, schützend umgeben von den alten Häusern des Ortes – malerisch und funktional zugleich präsentiert sich das wehrhafte Ensemble. Das Kastell steht zur Besichtigung offen, hat aber rein militärischen Charakter ohne repräsentative Ausstattung.

Das renommierte, 125 Jahre alte Weingut **Fontanafredda**, ein einstiger Sommersitz des Hauses Savoyen, liegt an der Straße nach Alba. Nach vorheriger Anmeldung kann man den Park und die Kellereien besichtigen, dort steht auch die **Casa di Caccia** (Jagdschloss), in der sich König Vittorio Emanuele II. mit seiner bürgerlichen Geliebten Bela Rosin traf. Das Angebot der Langhe-Weine ist umfassend.

 Castello di Serralunga d'Alba
12050 Serralunga d'Alba, ✆ 01 73 61 33 58

Tägl. außer Mo 9–12 und 14–18, im Winter 10–12 und 14–17 Uhr, mit Führung, Eintritt frei (Spende wird erbeten)

 Tenuta Fontanafredda
Via Alba 15, Serralunga d'Alba
℅ 01 73 62 61 11
www.fontanafredda.it

La Rosa dei Vini
Località Parafada 4, Serralunga d'Alba
℅ 01 73 61 30 12, www.larosadeivini.it
Schon allein wegen des wunderschönen Blicks in die Weinberge lohnt der Besuch, aber auch die gute Küche der Langhe überzeugt. €€

Bra
Das Barockstädtchen ist Geburtsort der mittlerweile weltweit aktiven Slowfood-Bewegung (www.slowfood.de), die 1986 als Reaktion auf den damaligen Methanolskandal gegründet wurde (einige Menschen waren am Genuss von Wein gestorben, der mit Methanol verschnitten worden war), aber auch als Antwort auf McDonald's Fastfood, der damals seine erste Filiale in Rom eröffnete. Slowfood kämpft für die Verwendung hochwertiger und nach ökologischen Richtlinien hergestellten Nahrungsmittel, in Turin findet alljährlich die einschlägige Messe »Salone del Gusto« statt (vgl. Turin, »Il Lingotto«).

 Boccondivino
Via Mendicità Istruita 14, Bra
℅ 01 72 42 56 74, www.boccondivinoslow.it, So/Mo geschl.
Ein »Mund voller Wein« bzw. »Ein himmlischer Bissen« – beides heißt *boccondivino* – ist das Motto der Slowfood-Trattoria der ersten Stunde. Man sitzt im ersten Stock und kann die mehr als umfassende Weinauswahl genießen, dazu gibt es traditionelle piemontesische Gerichte. €€

Cherasco
Cherasco ist »La città delle lumache«, Italiens Schneckenstadt also, die hier gezüchtet und verkauft werden, aber auch als variantenreiche Spezialität auf allen Speisekarten stehen. Die mittelalterliche Festungsstadt liegt mit ihrem streng schachbrettartigen Straßengrundriss auf einer Bergterrasse über zwei Flüssen. Die alten Mauern haben heute ausgedient und werden als Spazierwege genutzt. An der zentralen Piazza steht das **Rathaus** mit einem historischen Mondkalender.

Osteria della Rosa Rossa
Via San Pietro 31, ℅ 01 72 48 81 33, Mi/Do geschl.
Kleine Osteria, in der vorzügliche piemontesische Küche serviert wird, natürlich Schnecken, aber auch Fisch. €€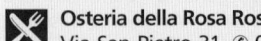

6　　Service

Ligurien (Liguria) in Zahlen und Fakten

Größe: 5420 km², die drittkleinste Region Italiens
Einwohnerzahl: 1,6 Mio. (295 Einwohner/km²), mehr als 90 % davon leben im Küstengebiet
Politische Gliederung: aufgeteilt in vier Provinzen (Genua, Imperia, La Spezia und Savona), Hauptstadt ist Genua (Genova)
Größte Städte: Genua (ohne Umland 611 000 Einw.), La Spezia (94 000 Einw.), San Remo und Savona (beide 60 000 Einw.)
Höchste Erhebung: Monte Saccarello (2200 m) in den ligurischen Alpen
Küstenlänge: über 300 km
Wirtschaft: Schiffbau, chemische und petrochemische Industrie, Eisenverarbeitung, Fremdenverkehr
Arbeitslosenquote: 11 %

Piemont (Piemonte) in Zahlen und Fakten

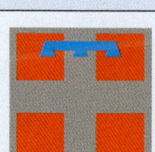

Fläche: 25 399 km², die zweitgrößte Region Italiens
Einwohnerzahl: 4,33 Mio (171 Einw./km²)
Politische Gliederung: aufgeteilt in acht Provinzen (Turin, Alessandria, Asti, Biella, Cúneo, Novara, Verbania-Cusio-Ossola und Vercelli), das Aostatal ist autonomes Gebiet, Hauptstadt ist Turin (Torino)
Größte Städte: Turin (ohne Umland 900 000 Einw.), Novara (103 000 Einw.), Alessandria (92 000 Einw.) und Asti (79 000 Einw.)
Höchste Erhebung: Mont Blanc im Aostatal (4809 m), im übrigen Piemont Monte Rosa (4618 m)
Längster Fluss: der Po entspringt im Piemont und ist mit 652 km der längste Fluss Italiens
Wirtschaft: Autoindustrie (Fiat und Lancia), Computer- und Schreibmaschinenherstellung (Olivetti), Bekleidungs- und Modeindustrie, Papier und Buchdruck, Lebensmittelherstellung (u.a. Ferrero), Landwirtschaft und Weinbau
Arbeitslosenquote: 3 % (die niedrigste in Italien)

Anreise/Einreise

Ausweiskontrollen gibt es nur bei der Anfahrt über die Schweiz, die nicht zur EU gehört. Für den Aufenthalt in Italien muss man einen gültigen Reisepass oder Personalausweis mit sich führen, Kinder bis 12 Jahre benötigen einen Kinderreisepass, die früheren Kinderausweise gelten noch bis zum Ablauf ihrer Gültigkeit.

Mit dem Auto
Das **Piemont** erreicht man am besten über die Schweiz – entweder auf der **St.-Gotthard**-Autobahn (N 2) mit dem 16,9 km langen **St.-Gotthard-Tunnel** (Vorsicht: zu Ferien-

zeiten kommt es hier regelmäßig zu Staus) oder auf der landschaftlich reizvollen N 13 über Chur und durch den 6,6 km langen **San-Bernardino-Tunnel**. Beide Strecken treffen sich bei Bellinzona, dann geht es am Luganer See nach Como und weiter nach **Mailand**. Von dort nach Turin kommt man in rascher Fahrt auf der A 4. Eine Alternative zu diesen beiden Anfahrtswegen ist die weiter westlich verlaufende Route über den **Großen St. Bernhard** mit einem 6 km langen Tunnel. Aus Bayern kommend kann man auch die etwas längere Strecke über den **Brenner** fahren und bei Verona auf die A 4 nach Mailand wechseln.

Wer direkt von Mailand an die ligurische Riviera will, nimmt die tunnelreiche **A 7** durch den Apennin nach **Genua**. Zu überlegen ist dabei ein Wechsel auf die deutlich weniger befahrene **A 26**, die bei Voltri weiter westlich an die Küste trifft. Von Turin an die Riviera nimmt man die **A 6** nach **Savona** oder die eindrucksvolle **SS 20**, die kurvenreich über Tenda und Breil durch die französischen Seealpen (Alpi Maritime bzw. Alpes Maritimes) nach **Ventimiglia** führt. Wer schließlich die Riviera di Levante östlich von Genua als Ziel hat, kann von **Parma** (A 1 ab Mailand bzw. Modena) die schöne Autobahn A 15 nach **La Spezia** benutzen oder – noch reizvoller – die parallel verlaufende SS 62 über den hohen Kamm des Apennin.

Autobahngebühren: Sowohl beim Transit durch die Schweiz und Österreich wie auch in Italien fallen für die Benutzung der Autobahnen **Mautgebühren** an. In Österreich kostet die Zehntagesvignette € 7,90 und die Zweimonatsvignette € 22,90 (für eine eventuelle Auffahrt zum Brenner müssen zusätzlich € 8 pro Pkw bezahlt werden). Die Schweizer Autobahnvignette kostet sFr 40 (€ 31,50) und ist ein Jahr lang gültig. Gebührenpflichtig ist der Tunnel durch den **Großen St. Bernhard**.

Über dem pittoresken Hafen von Riomaggiore erheben sich steil die farbenfrohen Häuser

Mit der Eisenbahn

Die wichtigste alpenüberquerende Bahnlinie ist die **Gotthard-Linie** mit dem knapp 17 km langen St.-Gotthard-Tunnel über Basel, Luzern, Bellinzona, Lugano und Como nach Mailand. Von **Milano** gibt es stündliche Verbindungen nach **Turin**. Eine reizvolle Variante besteht darin, in Bellinzona nach Locarno umzusteigen und von dort mit der **»Centovalli-Bahn«** (www.centovalli.ch) durch die Tessiner Alpentäler nach **Domodossola** im Piemont zu fahren und mit der italienischen Staatsbahn weiter nach Turin. Aus der Westschweiz kann man durch den 2007 eröffneten, fast 35 km langen **Lötschbergtunnel** fahren (derzeit der längste Bahntunnel Europas), danach über Brig durch den **Simplontunnel** (20 km) nach Domodossola und weiter nach Turin.

Für die ligurische Riviera ist **Genua** Drehkreuz des Bahnnetzes, direkte Kurswagen gibt es über Basel und die Gotthardstrecke von verschiedenen deutschen Städten. Ansonsten muss man in **Mailand** umsteigen und kommt etwa stündlich weiter nach Genua. Die ligurische Hafenstadt besitzt zwei große Bahnhöfe: **Stazione Porta Principe** im Westen und **Stazione Brignole** östlich vom Zentrum. Von Parma in der Poebene nach **La Spezia** kommt man etwa alle 1–2 Std., Dauer der Fahrt ca. 2 1/2 Std. Unter Bahnliebhabern berühmt ist schließlich die schmalspurigen **Tenda-Bahn**, die sich von Turin mehrmals täglich über die Seealpen nach **Ventimiglia** schlängelt.

Mit dem Flugzeug

Viele Billigflieger nach Oberitalien steuern den Flughafen **Malpensa** nordwestlich von Mailand und den weiter östlich gelegenen Flughafen **Orio al Serio** bei Bergamo an. Von den beiden Airports kommt man mit Bus oder Bahn rasch nach Mailand und kann von dort stündlich nach Ligurien oder an die Riviera weiterfahren. Lufthansa und Air Dolomiti fliegen den Flughafen in **Torino-Caselle** (16 km nordwestlich von Turin) und den Flughafen **Cristoforo Colombo** (6 km westlich von Genua) an.

Turin
Aeroporto Torino-Caselle

✆ 011 567 63 61, www.aeroportoditorino.it
Sadem-Busse (✆ 011 300 06 11, www.sadem.it) verkehren alle 30 Min. von und zum **Bahnhof Porta Nuova** im südlichen Zentrumsbereich (Fahrtdauer ca. 30–40 Min., ca. € 6 einfach). Außerdem gibt es alle 30 Min. eine Verbindung mit dem GTT-Zug (Gruppo Torinese Trasporti, ✆ 800 01 91 52, www.comune.torino.it/gtt) vom Flughafen zum Bahnhof Dora im Norden Turins (Dauer 20 Min., ca. € 3,40).

Genua
Flughafen Cristoforo Colombo

✆ 010 601 51, www.airport.genova.it
Der Volabus pendelt von 6–23 Uhr stündl. zwischen Flug-

hafen und Bahnhof **Stazione Brignole** im Zentrum Genuas (Fahrtdauer 30 Min., ca. € 6).

Auskunft

Fremdenverkehrsämter

Das italienische Fremdenverkehrsamt ENIT (*Ente Nazionale Industrie Turistiche*, www.enit-italia.de) hat in der Bundesrepublik Deutschland, in der Schweiz und in Österreich je eine Niederlassung.

In Deutschland:
– Barckhausstr. 10
D-60325 Frankfurt/Main
✆ (069) 23 74 34, Fax (069) 23 28 94
frankfurt@enit.it

In Österreich:
Kärtnerring 4, A-1010 Wien
✆ (01) 505 16 39, Fax (01) 505 02 48
www.enit.at, vienna@enit.it

In der Schweiz:
Uraniastr. 32, CH-8001 Zürich
✆ (043) 466 40 40, Fax (043) 466 40 41
www.enit.ch
zurich@enit.it

In Piemont und Ligurien:
So gut wie jeder größere Rivieraort und auch die wichtigsten Orte im Piemont verfügen über ein Informationsbüro, genannt **APT** (*Azienda di Promozione Turistica*), **IAT** (*Informazione e Accoglienza Turistica*) oder **Pro Loco**, das im Kapitel »Vista Points« bei dem jeweiligen Ort aufgeführt ist. Oft besitzen die Büros auch eigene Websites mit touristischen Informationen, in vielen Fällen allerdings nur auf italienisch.

Im Internet:

Piemont
www.regione.piemonte.it
www.piemonteweb.it
www.langhe.it

Ligurien
www.visitrivieradeifiori.it
www.cinqueterre.it
www.5terre.com

Wichtige Rufnummern

Allgemeiner Notruf (*pronto soccorso*) ✆ 118 oder 113 (Schweiz ✆ 144)

Polizei *(polizia)* © 112 (Schweiz © 117)
Feuerwehr *(vigili del fuoco)* © 115 (Schweiz © 118)
Pannendienst *(soccorso stradale)* des italienischen Automobilclubs ACI (www.aci.it) © 803-116, vom Handy © 800-11 68 00
Deutschsprachiger Notrufdienst des ADAC in Mailand © 02 66 15 91

Automiete/Autofahren

Mietwagen

Wagen kann man in allen Urlaubsorten mieten. Anzuraten ist eine Kaskoversicherung *(CDW = collision damage waver).* In der Regel wird bei der Anmietung eine Kreditkarte verlangt. Günstiger ist es oft, schon vor Reisebeginn online zu buchen, z. B. bei
www.autoeurope.de, www.rent.it, www.autovermietung.de oder www.billiger. mietwagen.de.

Straßenverkehr

An der ligurischen Riviera verläuft die **Küstenautobahn A 10** (von Genua nach Westen) bzw. **A 12** (von Genua nach Osten) mit vielen Tunnels durch die Berge hoch über der Küste. Hier kommt man in der Regel rasch voran. Ganz anders auf der Küstenstraße **SS 1**, genannt Via Aurelia. Diese schlängelt sich durch jeden Urlaubsort und ist während der Feriensaison überlastet.

Parken ist an der Riviera fast überall schwierig. In den beliebten Badeorten zahlt man entweder hohe Ge-

---

Nützlich zu wissen

– Bei der Anreise über die Schweiz ist die **grüne Versicherungskarte** mitzuführen.

– Das **Tempolimit** auf Autobahnen liegt bei 130 auf dreispurigen Autobahnen oft bei 150 km/h, auf Schnellstraßen bei 110 km/h, auf Landstraßen bei 90 km/h, innerorts bei 50 km/h.

– Die italienischen **Bußgelder** gehören zu den höchsten in Europa, die Mindestgebühr für einfaches Falschparken beträgt € 35, seit 2004 gibt es Radarkontrollen.

– Dachlasten und Ladungen, die über das Wagenende hinausragen, müssen mit einem reflektierenden, 50 x 50 cm großen, rot-weiß gestreiften **Aluminiumschild** (kein Kunststoff!) abgesichert werden (erhältlich im deutschen Fachhandel, in Italien an Tankstellen).

– Für den Fall, dass man wegen Unfall oder Panne auf einer Autobahn das Auto verlässt, muss im Auto eine reflektierende **Sicherheitsweste** (DIN EN 471) vorhanden sein (erhältlich in Tankstellen, Baumärkten etc.).

– Tagsüber muss nicht nur auf Autobahnen, sondern auch auf allen Überlandstraßen mit **Abblendlicht** gefahren werden.

– **Telefonieren** am Steuer ist nur mit Freisprecheinrichtung erlaubt.

– Es herrscht **Anschnallpflicht**.

– Die **Promillegrenze** beträgt 0,5.

bühren oder muss weit außerhalb an der Via Aurelia parken und lange Fußmärsche in Kauf nehmen. An Sommerwochenenden sind die Parkplätze am Rand ihrer Kapazität.

Diplomatische Vertretungen

Generalkonsulat der Bundesrepublik Deutschland
Via Solferino 40, I-20121 Milano
✆ 02 623 11 01, Fax 02 655 42 13
www.mailand.diplo.de

Generalkonsulat von Österreich
Piazza del Liberty 8/4, I-20121 Milano
✆ 02 78 37 43, Fax 02 78 36 25
www.bmeia.gv.at

Generalkonsulat der Schweiz
Piazza Brignole 3/6, I-16122 Genova
✆ 010 54 54 11, Fax 010 54 54 12 40
www.eda.admin.ch/genova

Einkaufen

Piemont und Ligurien sind kulinarische Einkaufsparadiese ersten Ranges: Weltweit begehrt sind die piemontesischen **Weine** aus Monferrato und Langhe, die man in den regionalen Önotheken vor Ort ausgiebig verkosten kann. Dazu kommen die kostbaren **Trüffel** aus Alba (nur begrenzt haltbar), **Gianduiotti-Pralinen** aus Turin, die handgezogenen Brotstangen namens **Grissini, Torrone** (weißer Nougat), **Asti Spumante** und viele weitere Leckereien.

Aus Ligurien nimmt man sich gerne das gute **Olivenöl** aus der Taggiasca-Olive und das leckere **Pesto** mit, eine Rarität und entsprechend teuer ist der **Süßwein** Sciacchetrà aus dem Gebiet der Cinque Terre.

Reizvoll ist auch der Besuch der vielen **Straßenmärkte**, auf denen ein buntes Allerlei an Waren angeboten wird, hauptsächlich Kleidung, Schuhe, Spielzeug, Schmuck, Kosmetika und dergleichen. Besonders vielseitig zeigen sich die **Antiquitäten- und Flohmärkte** (*Mercatino di antiquariato* bzw. *Mercatino delle pulci*), die ein bis mehrmals monatlich in verschiedenen Städten abgehalten werden.

Schließlich gehört das Piemont auch zu den Zentren der oberitalienischen Textilindustrie, wo man in **Factory Outlets** günstig einkaufen kann, z.B. in Biella am Fuß der Voralpen – die Schilder »Punto vendita diretto« weisen den Weg. An der Riviera ist Albisola seit langem bekannt für seine kunstfertige **Keramik**, wenn auch heute eher für den Massenmarkt produziert wird.

Essen und Trinken

Die **Küche des Piemont** gehört zu den besten und abwechslungsreichsten in Italien, die lange aristokratische Tradition der Savoyen-Herrscher hat ihre Spuren hinterlassen, dazu kommen die verfeinernden Einflüsse der französischen Nachbarn. Die Zahl der Spitzenrestaurants ist im Piemont besonders hoch, großer Wert wird überall auf die Verwendung frischer lokaler Produkte gelegt.

Während in Ligurien fast ausschließlich Olivenöl zum Kochen verwendet wird, ist Piemont Butterland. Hier liegen aber auch die größten Reisfelder Italiens, deshalb wird *risotto* in diversen Variationen neben der bekannten *polenta* überall angeboten. Die handgeschnittenen Bandnudeln namens *tajarin* werden mit weißem Trüffel bestreut und sind die piemontesische Variante der *tagliatelle*, beliebt sind aber auch *agnolotti*, mit Fleisch oder Gemüse gefüllte Teigtaschen.

Von den Fleischgerichten ist die *finanziera* berühmt, ein Ragout, das hauptsächlich aus Innereien besteht – es heißt, dass die Bauern damit die Finanzbeamten bestachen, um nicht den Marktzoll bezahlen zu müssen. Ein wahres piemontesisches Festmahl ist *brasato al Barolo*, ein in Barolo-Wein geschmorter Rinderbraten. *Bollito misto* sind verschiedene Fleischsorten wie Rind, Huhn und Kalb, die zusammen mit Gemüse geschmort werden.

Als Antipasto ist *carne cruda* populär, eine Art Kalbstatar aus rohem Fleisch, das mit Olivenöl, weißem Pfeffer und Zitronensaft angemacht wird. Ebenfalls als Antipasto wird *bagna caôda* gereicht, rohe und gekochte Gemüse, die in eine Sardellen-Knoblauchsoße getunkt werden. Wegen der empfindlichen Aristokratenmägen wurden im 17. Jh. im Piemont die kleinen Brotstangen namens *grissini* erfunden, die mittlerweile in ganz Italien verbreitet sind.

Bekannteste und teuerste Spezialität des Piemont sind jedoch die begehrten weißen Trüffel *tartufi bianchi*. Diese Pilze wachsen unterirdisch im Wurzelgeflecht von Bäumen und werden gerieben oder geschnitten als Geschmacksanreger für viele Gerichte verwendet.

Last but not least ist Turin der Geburtsort der italienischen **Confiserie** mit handgefertigten edlen Trüffel- und Pralinenspezialitäten, z.B. den gefüllten *Gianduiotti*-Pralinen und den kleinen Pasteten namens *Gianduja* aus Kakaobutter, Mandeln und gerösteten Haselnüssen. Die *Pasta Gianduja* wurde in den 1940er Jahren vom Konditor Pietro Ferrero aus Alba erfunden, er legte damit den Grundstein für den heutigen Ferrero-Konzern.

Die **ligurische Küche** ist stärker mediterran geprägt. Auf den grünen Hängen des Apennin gedeihen Oliven, Majoran, Rosmarin, Salbei und Basilikum, die bei allen Gerichten eine wichtige Rolle spielen. Die Krönung aller ligurischen Pastagerichte ist natürlich die kalt gerührte, leuchtend grüne Basilikumsoße *pesto alla genovese* mit

Ligurische Küche in Levanto

Knoblauch, Pinienkernen, Käse (Parmesan und Pecorino) und Olivenöl. Die bekannten Ravioli wurden von genuesischen Seeleuten erfunden (sie füllten auf hoher See Teigtaschen mit den Resten aus der Vorratskammer), gerne serviert werden aber auch die schmalen eckigen Bandnudeln namens *trenette*. Eine Art ligurische Spätzle sind die mit Kartoffelbrei gefüllten *troffie*. Die *cima ripiena alla genovese* ist Kalbsbrust, gefüllt mit Kalbfleisch, Erbsen, Pinienkernen, gekochten Eiern und Parmesan.

Zu den ureigensten Rivieraspezialitäten gehören schließlich die *torta pasqualina*, ein salziger, aus mehreren Schichten bestehender Kuchen aus Gemüse und Eiern, die *focaccia*, eine Art Fladenbrot aus Hefeteig, belegt mit Kartoffeln, Tomaten und Zwiebeln oder einfach mit Salz und Olivenöl bestrichen, und die *farinata*, eine Art wagenradgroßer Pizza aus Kichererbsenmehl, Olivenöl, Salz und Wasser.

Gut zu wissen: In den meisten italienischen Restaurants wird *pane e coperto* berechnet. Das heißt, dass bei jeder Mahlzeit pro Person zwischen € 1,50 und € 3 für Brot und Gedeck aufgeschlagen werden. *Servizio* (Bedienung) ist meist im Preis inbegriffen – Ausnahmen bilden allerdings gehobene Restaurants, in denen dieser Posten oft mit 10–15 % vom Rechnungsbetrag zu Buche schlägt.

Die bei Restaurantempfehlungen angegebenen **Preiskategorien** beziehen sich auf den durchschnittlichen Preis für ein Hauptgericht ohne Getränke.

€ – untere Preislage (bis 10 Euro)
€€ – mittlere Preislage (10 bis 17 Euro)
€€€ – gehobene Preislage (über 17 Euro)

Die Weine des Piemont
Das Piemont ist neben der Toskana und dem Friaul die führende Weinbauregion Italiens. Die besten Weine, fast alle mit DOC- oder DOCG-Prädikat, stammen aus den Anbaugebieten Monferrato, Roero und Langhe um Asti und Alba südlich von Turin. Aus der alteingesessenen Nebbiolo-Rebe, die schon seit dem 15. Jh. bekannt ist, werden die hochklassigen Rotweine **Barolo** und **Barbaresco** gekeltert. Daneben gibt es noch den einfachen und etwas süffigeren **Barbera**, von dem man aber auch exzellente, im Barrique (Eichenfass) ausgebaute Varianten produziert werden (z.B. der hochwertige Barbera d'Asti), den fruchtigfrischen **Dolcetto** und den leichten, trockenen **Nebbiolo**. Dazu kommen die bekannten süßen Schaumweine **Asti Spumante** und **Moscato d'Asti**.

Speziell der Barolo DOCG gehört zu den berühmtesten Weinen Italiens, er stammt ausschließlich aus Lagen um La Morra, Barolo, Castglione Falletto und Serralunga d'Alba (südlich von Alba). Verkosten und erwerben kann man die Piemont-Weine in den regionalen Önotheken von Monferrato und Langhe.

Turin ist neben Milano auch Zentrum der italienischen Aperitif-Produktion, die berühmten Wermuth-Weine **Cinzano** und **Martini** haben hier ihren Ursprung.

Die ligurischen Weine sind im Allgemeinen keine hochklassigen Tropfen, hier ist es das Olivenöl, das vielfach prämiert wurde. Zu den bekanntesten Weinen gehören der Süßwein **Sciacchetrà** aus der Cinque Terre und der Rotwein **Rossese di Dolceacqua**, der als erster ligurischer Weine ein DOC-Prädikat erhielt.

Feiertage und Feste

Gesetzliche Feiertage:
1. Januar: *Capodanno* (Neujahrstag)
6. Januar: *Epifania/La Befana* (Dreikönigstag)
Ostersonntag/Ostermontag: *Domenica di Pasqua/Lunedi dell'Angelo*

25. April: *Festa della Liberazione* (Tag der Befreiung vom Faschismus)
1. Mai: *Festa dei Lavoro* (Tag der Arbeit)
2. Juni: *Festa della Repubblica* (Tag der Gründung der Republik)
29. Juni: *La Solennità dei Santi Pietro e Paolo* (Peter und Paul)
15. August: *Assunzione di Maria Vergine/Ferragosto* (Mariä Himmelfahrt)
1. November: *Ognissanti* (Allerheiligen)
8. Dezember: *Immacolata* (Mariä Empfängnis)
25. Dezember: *Natale* (Weihnachten)
26. Dezember: *Santo Stefano* (Tag des heiligen Stephanus)

Feste:
Am besten besorgt man sich vor Ort einen aktuellen Veranstaltungskalender, denn während der Saison wird eigentlich immer irgendwo etwas geboten: am Meer Regatten und Fischfeste (z.B. *Sagra del Pesce* in Camogli), im Piemont Wein- und Trüffelfeste, historische Pferderennen *(Palio d'Asti)* und traditionelle Stadtfeste, dazu gibt es überall Festivitäten zu Ehren der örtlichen Schutzheiligen, Volksfeste, Jahrmärkte etc.

Geld/Banken/Kreditkarten

Auch Italien ist Euro-Land, damit entfällt das lästige Geldwechseln. Geldautomaten sind flächendeckend vorhanden, mit Bankkarte und Geheimnummer kann man rund um die Uhr problemlos täglich bis zu € 250 erhalten. Dabei muss man jedoch auf die Aufkleber achten, denn nicht alle Automaten akzeptieren alle Karten. Eine Abhebung kostet in der Regel € 4,50. Die Bedienungshinweise sind auch in Deutsch vorhanden.

Zu Karfreitag bauen die Kinder Liguriens kleine Altärchen

Die gängigen Kreditkarten werden weithin akzeptiert. Falls die EC- oder Kreditkarte verloren geht, sollte man diese umgehend sperren lassen. Dafür unbedingt vor der Reise die Kartennummern notieren. Viele Karten können über den Notruf +49 116 116 gesperrt werden. Informieren Sie sich vor der Reise, ob der eigene Kartenherausgeber teilnimmt.

Hinweise für Behinderte

Entsprechende Einrichtungen findet man an der Riviera und im Piemont nur sporadisch, z. B. in einzelnen Vier-Sterne-Hotels, in modern strukturierten Agriturismo-Höfen und in neu gebauten Gemeindezentren.

Mit Kindern in Ligurien und Piemont

Italiener lieben Kinder, deshalb sind sie in der Regel überall willkommen. Die Riviera bietet den jungen Familienmitgliedern vieles, für das Piemont trifft das nicht so zu. Dort gibt es höchstens in **Turin** genug Abwechslung und Interessantes, z.B. Schiffsausflüge auf dem Po oder eine Fahrt mit dem Panoramaaufzug auf die Mole Antoniella. In **Genua** ist es vor allem der neu konzipierte Hafenbereich, wo jede Menge Sensationen auf die Kids warten: das riesige Aquarium, das Piratenschiff »Galeone Neptune«, der Erlebnispark »La Città dei Bambini«, der tolle, krakenähnliche »Bigo« u. v. m.

An den Stränden der **Riviera** sollte man sich auf jeden Fall mit Sonnenschirmen versorgen, denn natürlicher Schatten ist Mangelware. Man kann Tretboote und Kanus mieten und schöne Ausflüge per Schiff machen, z.B. von Camogli zur Abtei San Fruttuoso, oder aber im Hinterland mehrere Tropfsteinhöhlen besuchen.

Klima/Reisezeit

Das Klima der Riviera ist ganzjährig mild, daher war sie schon im 19. Jh. ein bevorzugtes Reisegebiet des Adels, vermögender Großbürger und Künstler, einer der berühmtesten war der legendäre Lord Byron. Tatsächlich sind die natürlichen Gegebenheiten nahezu ideal, denn die steilen und dicht bewaldeten Berge des Apennins schirmen die Küste nach Norden hin ab. Im Winter fällt das Thermometer demzufolge nur selten unter 0 Grad.

Der **Frühling** setzt früh ein – die ersten Blüten öffnen sich schon im Februar – und zeigt sich in seiner subtropisch anmutenden Pflanzenpracht überwältigend schön. Zu Ostern beginnt die Reisesaison, Badetemperaturen werden jedoch erst im Frühsommer erreicht. Der warme Mai ist ideal für Aktivurlauber, Kultur- und Landschaftsreisende, ebenso die erste Junihälfte. Dann kommt die heiße Zeit und mit ihr die Badesaison. Im **August** sind die Badeorte an der kleinräumig strukturierten Riviera überfüllt, Staus auf den Uferstraßen sind dann die Regel. Im **September** wird es wieder ruhig und beschaulich.

Der **Oktober** ist eine hervorragende Reisezeit für die berühmten Weingebiete des Piemont, die Trauben sind reif, was vielerorts mit Festen gefeiert wird, zudem werden dann die berühmten und sündhaft teuren Trüffelpilze geerntet, in Alba findet dazu eine große Verkaufsmesse statt.

Medizinische Versorgung

Der sog. »Auslandskrankenschein« (E 111) wurde durch die **European Health Insurance Card (EHIC)** ersetzt. Sie ist erhältlich bei der eigenen (gesetzlichen) Krankenkasse, damit wird man in Krankenhäusern kostenfrei behandelt. In allen italienischen Urlaubsgebieten gibt es während der Saison in so gut wie jedem Ort eine **Guardia medica turistica**, in der angehende Ärzte Erste Hilfe leisten. Die Behandlung dort kostet nur eine relativ geringe Gebühr von € 15–20 (Hausbesuch ca. € 26, Rezept ca. € 6).

Niedergelassene Ärzte müssen meist bar bezahlt werden. Erfahrungsgemäß fallen die ärztlichen Honorare in Urlaubsgebieten hoch aus, doch gegen eine ordnungsgemäße Quittung *(ricevuta)* werden die Ausgaben von der Krankenkasse ganz oder anteilig zurückerstattet. Falls Ihnen ein Rezept ausgestellt wurde, werden auch die Apothekenkosten vergütet. In **Apotheken** *(farmacia)* sind viele Medikamente rezeptfrei erhältlich.

Der Abschluss einer zusätzlichen **Auslandskrankenversicherung** ist anzuraten, die Kosten sind nicht hoch (unter € 10) und darin ist auch ein Rücktransport nach Hause (auch Überführung) enthalten, den die gesetzlichen Krankenkassen nicht übernehmen.

Nachtleben

Die großen Discos liegen meist außerhalb der Stadtzentren, der Eintritt kostet in der Regel mindestens € 15–20 (inkl. Drink), in den heißen Sommermonaten sind aber die meisten von ihnen geschlossen. An der Riviera werden abends hier und dort Strandbäder, sog. *bagni*, zu Tanzlokalen umfunktioniert.

Das Zentrum nächtlicher Vergnügungen im Nordosten Italiens ist aber ohne Zweifel die piemontesische Hauptstadt Turin. In den Uferkais am Po (Murazzi del Po) liegen Dutzende von Discos, Clubs, Bars und Kneipen eng beieinander, Tausende von Turinern und Touristen kommen hier allabendlich zusammen.

Öffentliche Verkehrsmittel

Busverkehr

An der Riviera ist das öffentliche Linienbusnetz relativ gut ausgebaut. Im ein- bis zweistündigen Rhythmus fahren Busse tagsüber von etwa 6.30–20 Uhr alle wichtigen Orte an, aber auch die kleinen Dörfer im Bergland sind mit der Küste verbunden. Die Busstationen liegen oft in der Nähe der Bahnhöfe, im Piemont häufig etwas außerhalb der Ortszentren. Die Tickets müssen vor Fahrtantritt im nächsten Zeitschriften- oder Tabakgeschäft erworben werden – meist kenntlich am Aushang »biglietti« o. ä. Fahrpläne erhält man in den touristischen Informationsbüros.

Eisenbahn

Die Eisenbahn spielt an der Riviera eine wichtige Rolle, denn wegen des bergigen Terrains und der häufigen Staus auf der Küstenstraße kommt man auf der Schiene oft rascher voran. Die Bahn hält in so gut wie jedem Küstenort und bietet sich so für Tagesausflüge vom Urlaubsquartier aus an. Besonders die **Cinque Terre** sollte man ausschließlich mit der Bahn besuchen, man erspart sich erhebliche Parkprobleme und die Anfahrtszeiten sind deutlich kürzer (vgl. »Cinque Terre« S. 32).

Öffnungszeiten

Banken sind im Allgemeinen Mo–Fr 8.30–13.20 Uhr geöffnet, **Postämter** Mo–Fr 8.15–14, Sa 8.15–13 Uhr, **Apotheken** Mo–Sa 8.30–13 und 16.15–19.45 Uhr. Regional können diese Zeiten leicht schwanken.

Geschäfte öffnen etwa Mo–Sa 8/8.30–12.30/13 und 16/17–19.30/20 Uhr. Vor allem Souvenirläden und andere Geschäfte mit touristischem Bedarf schließen aber in der Saison selten vor 22 Uhr und haben oft auch sonntags geöffnet.

Die Öffnungszeiten von **Kirchen** und **Museen** finden Sie unter den jeweiligen Vista Points. Sie ändern sich häufig, erkundigen Sie sich deshalb noch einmal vor Ort. Man kann davon ausgehen, dass Kirchen in der Regel von 7–12 und 16–19 Uhr offen sind. Museen haben meist montags Ruhetag. Generell ist die Siesta tonangebend, d.h. zwischen 13 und 16 Uhr ist sehr vieles geschlossen, dafür wird abends länger aufgemacht.

Post

Seit Briefe und Postkarten ins Ausland grundsätzlich mit *Posta Prioritaria* versendet werden, benötigen sie nur noch 3 Tage. Diese Versandform ist etwa 50 % teurer als ein Normalbrief.

Francobolli (Briefmarken) bekommt man nicht nur bei der Post, sondern auch in Tabacchi-Läden und Souvenirshops.

Presse/Radio/TV

Die großen Tageszeitungen und Illustrierten aus Deutschland, Österreich und der Schweiz sind in den meisten Rivieraorten ohne Zeitverzögerungen erhältlich, im Piemont nur in wenigen, stark touristisch frequentierten Orten.

Es gibt Dutzende von regionalen Rundfunksendern und Fernsehstationen, deutsche Satellitenprogramme kann man in vielen Hotels empfangen.

Sicherheit/Kriminalität

Besondere Vorsicht ist bei der An- und Abreise auf Autobahnrastplätzen geboten. Lassen Sie nichts Wertvolles im Auto und öffnen Sie stets das Handschuhfach, um zu demonstrieren, dass es nichts zu holen gibt. Deponieren Sie ihre Wertsachen immer im Safe Ihres Hotels und tragen Sie in größeren Menschenansammlungen ihre Geldbörse nicht ungeschützt in der Gesäßtasche. Besonders in Genua sollte man stets ein Auge auf seine Siebensachen haben.

Sport und Erholung

Windsurfen, **Segeln** und **Paragliden** wird in vielen Rivieraorten angeboten, auch **Kajak-** und **Schlauchbootfahren** erfreut sich großer Beliebtheit, denn so lassen sich abgelegene Buchten anfahren, die auf dem Landweg nicht zu erreichen sind. Das bergige Hinterland der Riviera ist bei **Kletterern** und **Mountainbikern** beliebt, vor allem die Kletterfelsen bei Finale Ligure sind Sportkletterern ein Begriff.

Wanderer finden ihr Dorado vor allem an der Cinque Terre. In diesem steilen, mit Weinplantagen überzogenen Küstenstreifen kann man auf einem gut ausgeschilderten Weg von Ort zu Ort wandern, allerdings mittlerweile in Begleitung von zahllosen weiteren Wanderern aus aller Welt. Ziemlich allein ist man dagegen auf den gut markierten Wegen in den Weinbergen des Piemont. Ebenfalls im Piemont kann man sich auf über zwanzig **Golfplätzen** sportlich betätigen, vor allem in der Provinz Turin, aber auch bei Cherasco und Gavi im Weinbaugebiet.

So mancher Urlauber möchte am Meer sicher auch gerne seine **Angel** auswerfen, doch dafür muss ein Angelschein beantragt werden, Auskünfte erteilen die Fremdenverkehrsämter. Bekannte **Skisportgebiete** liegen in den piemontesischen Westalpen um Bardonéccia und Sestriere, dort wurden 2006 die XX. Olympischen Winterspiele ausgetragen.

Strom

Die Stromspannung beträgt landeseinheitlich 220 oder 230 Volt. Oft passen in die Steckdosen nur Flachstecker oder Stecker mit dünnen Kontaktstiften, so dass man zur Sicherheit einen Adapter *(spina di adattamento)* mitnehmen sollte, den man aber auch im Elektrogeschäft kaufen bzw. im Hotel ausleihen kann.

Telefonieren

Öffentliche Telefone findet man überall, fast alle funktionieren mit magnetischen **Telefonkarten** *(scheda telefonica)* der Telecom, erhältlich für € 5 oder 10 in Tabak-*(tabacchi)* und Zeitschriftenläden. Vor dem Gebrauch muss die perforierte rechte Ecke abgebrochen werden. Als Alternative dazu gibt es **internationale Telefonkarten** *(scheda telefonica internazionale),* die etwa € 10 kosten. Damit telefoniert man deutlicher günstiger als mit den normalen Telefonkarten. Man führt sie jedoch nicht ins Telefon ein, sondern wählt eine kostenlose *numero verde,* die auf der Karte vermerkt ist. Danach gibt man die Geheimnummer ein, die ebenfalls auf der Karte vermerkt ist und kann erst dann die Teilnehmernummer wählen.

Wichtig: Die **Ortskennzahl inklusive der Null** muss auch innerhalb der Orte und nach Italien immer mitgewählt werden. Wenn Sie aus Italien ins Ausland telefonieren, entfällt dagegen die Null der Ortsvorwahl. Falls man ein **Handy** *(cellulare)* dabei hat, wählt es sich jeweils ins stärkste der vier italienischen Handynetze ein. Die sog. Roaming-Gebühren sind auf Betreiben der EU stark gesenkt worden und sollen bis 2015 sogar ganz entfallen sein. Informationen zu den Auslandstarifen erhält man unter: www.teletarif.de/reise.

Wenn Sie eine italienische **Mobiltelefonnummer** anwählen, müssen sie die anfängliche 0 weglassen.

Vorwahl Italien ☏ +39
Vorwahl Deutschland ☏ +49
Vorwahl Schweiz ☏ +41
Vorwahl Österreich ☏ +43

Trinkgeld

Im Restaurant wird die Rechnung diskret verdeckt auf einem Tellerchen gereicht. Man legt sein Geld darauf und erhält das genaue Wechselgeld zurück. Falls man zufrieden war, lässt man beim Gehen etwas liegen. Denken Sie aber daran, dass der Posten »Servizio« (Bedienung) in vielen Restaurantrechnungen schon enthalten ist.

Unterkunft

Die Riviera ist eine der ältesten Urlaubsregionen Italiens. Das hat Vor- und Nachteile, denn man findet zwar Hotels und Pensionen in großen Mengen, doch nicht selten sind sie zu wenig renoviert worden und oft noch auf dem Stand der 1970er Jahre. Natürlich gibt es auch die gehobene Hotellerie mit schicken Grandhotels und gepflegten historischen Villen aus dem 19. Jh. ebenso wie einfache Ferienwohnungen in den engen alten Häusern der früheren Fischerorte.

Im Piemont sind es vor allem die Agriturismo-Angebote, die positiv hervorstechen, so findet man dort viele liebevoll gestaltete Landsitze mit gut ausgestatteten Ferienwohnungen. Vor allem in den Weinbaugebieten des Piemont bieten aber auch zahlreiche edle Landhotels mit gehobenen Restaurants stilvolle Unterkunftsmöglichkeiten. Campingplätze gibt es im Piemont naturgemäß kaum, an der Riviera dagegen in Mengen, im Gegensatz zur flachen Adria sind sie aber oft klein und gedrängt angelegt, im Sommer kommt es schnell zu Platzproblemen. Jugendherbergen existieren in Turin, Genua, Finale Ligure, Levanto und Manarola (Cinque Terre).

Die Preise sind je nach Saison deutlich unterschiedlich. Während man im frühen Frühling oder späten Herbst so manches Schnäppchen machen kann, ziehen die Preise im Hochsommer stark an. In vielen Hotels ist dann Halbpension obligatorisch und oft wird ein Mindestaufenthalt von drei Tagen verlangt. Für die Monate Juli und August ist eine frühzeitige Reservierung ratsam. Das Frühstück fällt wie im gesamten Süden oft karg aus, wobei die großen Hotels aber in der Regel schon zufriedenstellende Buffets anbieten.

Zeitzone

In ganz Italien gilt die mitteleuropäische Zeit (MEZ), von März bis Oktober wird ebenso wie in Deutschland auf Sommerzeit umgestellt.

Zoll

Innerhalb der EU dürfen Waren zum eigenen Verbrauch unbegrenzt ein- und ausgeführt werden. Überschreitet man allerdings die im sog. Richtmengenkatalog festgesetzten Mengen (z. B. 800 Zigaretten und 90 Liter Wein), muss man im Fall einer Stichprobenkontrolle glaubhaft machen, dass diese Mengen nur für den persönlichen Gebrauch bestimmt sind.

Buon giorno! Wer kennt diese Begrüßung nicht? Sie wird in Italien bis 12 Uhr mittags verwendet, danach sagt man schon *buona sera*. Beides sind sehr höfliche Ausdrücke, sie werden überall da benutzt, wo gesiezt wird. *Ciao* ist Begrüßung ebenso wie Verabschiedung, wird aber nur verwendet, wenn man sich nahe steht.

Wenn Sie ein öffentliches Lokal oder Büro verlassen, sagen Sie besser *arrivederci* oder *buon giorno* bzw. *buona sera*. *Buona notte* sagt man dann, wenn man sich verabschiedet, um ins Bett zu gehen.

Die Italiener sind in der Regel sehr hilfsbereit, freuen sich über ausländische Besucher und fragen neugierig nach deren Herkunft und dem Grund des Besuches.

Keine Panik, wenn Sie befürchten, zwar eine Frage stellen zu können, die Antwort aber nicht verstehen – Italiener haben eine sehr ausgeprägte Körpersprache. Im Übrigen wissen Sie ja: *Sì* heißt ja, *no* nein. Und vergessen Sie nicht, sich zu bedanken – *grazie!*

Alltag/Umgangsformen

Buon giorno!	Guten Tag!
Buona sera!	Guten Abend!
Buona notte!	Gute Nacht!
Ciao!	Hallo!
Come stai?	Wie geht es dir?
Come sta?	Wie geht es Ihnen?
Arrivederci!	Auf Wiedersehen!
Buon viaggio!	Gute Reise!
Ciao!	Tschüss!
A presto!	Bis bald!
A domani!	Bis morgen!
Molto piacere di averti conosciuto.	Schön, dich kennen gelernt zu haben.
sì/ no/ forse	ja/ nein/ vielleicht
Mi chiamo …	Ich heiße …
Come ti chiami?	Wie heißt du?
Come si chiama?	Wie heißen Sie?
Scusi!	Entschuldigen Sie!
Grazie mille!	Vielen Dank!
Prego!	Bitte schön/Keine Ursache!

Übrigens: In Italien gibt es zwei Ausdrücke für »bitte«: *per favore* und *prego*. Bitten Sie jemanden um eine Gefälligkeit, verwenden Sie *per favore*. Ansonsten heißt es *prego*.

Falls Sie nicht alles verstehen (zugegeben: die Italiener sprechen ganz schön schnell), können Sie sagen: *Non ho capito. Per favore, parli più lentamente.* Wenn auch das nichts hilft, bleibt noch die Möglichkeit, sich das Gesagte aufschreiben zu lassen: *Me lo scriva, per favore.*

Autofahren

Sollten Sie mit dem Auto unterwegs sein, können Sie die folgenden Vokabeln sicher gut gebrauchen, an jeder Tankstelle und im alltäglichen Straßenverkehr. Und falls Sie mal eine Werkstatt nötig haben …

Was auf Straßenschildern steht

lavori in corso	Bauarbeiten
deviazione	Umleitung
pedaggio autostradale	Autobahngebühr
strada senza uscita	Sackgasse
senso unico	Einbahnstraße
il divieto di parcheggio	Parkverbot
zona disco	Parken mit Parkscheibe
attenzione uscita veicoli	Vorsicht Ausfahrt
tornante	Kurve

Rund ums Auto

La mia macchina è stata forzata.	Mein Auto ist aufgebrochen worden.

Mi hanno rubato …	Man hat mir … gestohlen
Mi dia il Suo nome e il Suo indirizzo/ il nome della Sua assicurazione, per favore.	Geben Sie mir bitte Ihren Namen und Ihre Anschrift/ Ihre Versicherung an.
Mi occorre una copia della denuncia per la mia assicurazione.	Ich brauche eine Kopie der Anzeige für meine Versicherung.
Non è colpa mia.	Es ist nicht meine Schuld.
Lei andava troppo forte.	Sie sind zu schnell gefahren.
la patente	Führerschein
I Suoi documenti, per favore.	Ihre Papiere, bitte.
Lei non ha rispettato la precedenza.	Sie haben die Vorfahrt nicht beachtet.
Lei non ha mantenuto la distanza di sicurezza.	Sie sind zu dicht aufgefahren.
Andavo a … chilometri all'ora.	Ich bin … km/h gefahren.
l'autostrada	Autobahn
l'incrocio	Kreuzung
il semaforo	Ampel
il parcheggio	Parkplatz
il parchimetro	Parkuhr
il distributore automatico di biglietti per il parcheggio	Parkscheinautomat
Posso parcheggiare qui?	Kann ich hier parken?
la cintura di sicurezza	Sicherheitsgurt
il distributore	Tankstelle
la benzina	Benzin
senza piombo	bleifrei
il gasolio	Diesel
Il pieno, per favore.	Volltanken, bitte.
Per favore, controlli la pressione delle gomme.	Prüfen Sie bitte den Reifendruck.
andare	fahren
sorpassare	überholen
voltare	wenden
a destra/a sinistra/ sempre diritto	rechts/links/geradeaus
attraversare	überqueren
l'ammenda	Bußgeld
la pianta della città	Stadtplan
la sicurezza	Sicherheit
l'ingorgo	Stau

In officina — **In der Werkstatt**

Ho avuto un incidente.	Ich habe einen Unfall gehabt.
Ho un guasto.	Ich habe eine Panne.
Ho una gomma a terra.	Ich habe einen Platten.
La macchina non parte.	Mein Wagen springt nicht an.
La batteria è scarica.	Die Batterie ist leer.
I freni non sono a posto.	Die Bremsen funktionieren nicht.
l'officina	Werkstatt
l'olio del motore	Motoröl
il cambio dell'olio	Ölwechsel
il motore	Motor
il cambio	Getriebe
la candela	Zündkerze
il parafango	Kotflügel
il carburatore	Vergaser
la freccia	Blinker
la ruota	Reifen
il motorino d'avviamento	Anlasser
il tergicristallo	Scheibenwischer
il parabrezza	Windschutzscheibe
il faro	Scheinwerfer
il radiatore	Kühler

Einkaufen

Quanto costa?	Wieviel kostet das?
i soldi	Geld
la cassa	Kasse
spendere	ausgeben
pagare	bezahlen
l'offerta speciale	Sonderangebot
vendere	verkaufen
la vetrina	Schaufenster
Un po' di meno, per favore.	Etwas weniger, bitte.
Un po' di più, per favore.	Etwas mehr, bitte.
più piccolo/ più grande	kleiner/größer
Dove posso trovare …?	Wo bekomme ich …?
Vorrei …	Ich hätte gerne …
Per favore, mi dia un pacco di …	Geben Sie mir bitte eine Packung …
Per favore, mi faccia vedere …	Zeigen Sie mir bitte …
Dica, prego!	Bitte schön! (Sie wünschen?)
Posso aiutarLa?	Kann ich Ihnen helfen?
Lo posso provare?	Kann ich das anprobieren?
Accetta carte di credito?	Nehmen Sie Kreditkarten?
Vorrei qualcosa di meno caro.	Ich hätte gerne etwas Billigeres.
troppo caro	zu teuer
Ho la taglia …	Ich habe Größe …

Ha anche la taglia …?	Haben Sie das auch in Größe …?
È troppo grande/piccolo.	Das ist zu groß/klein.
la svendita	Ausverkauf
la camicia	Hemd
i pantaloni	Hose
il cappotto	Mantel
la gonna	Rock
il vestito	Kleid
il collant	Strumpfhose
le calze	Strümpfe
il blazer	Blazer
la giacca	Jacke
il foulard	Halstuch

Colori	**Farben**
scuro	dunkel
chiaro	hell
blu	blau
marrone	braun
giallo	gelb
rosso	rot
verde	grün
nero	schwarz
bianco	weiß
grigio	grau

Essen und Trinken

Wo bekommt man's

la panetteria	Bäckerei
la pasticceria	Konditorei
la macelleria	Fleischerei
il negozio	Geschäft
il mercato	Markt
il negozio di generi alimentari	Lebensmittelgeschäft
il supermercato	Supermarkt

Al ristorante — Im Restaurant

Scusi, c'è un buon ristorante?	Wo gibt es hier ein gutes Restaurant?
Un tavolo per … persone, per favore.	Einen Tisch für … Personen, bitte.
Può riservarci per stasera un tavolo per quattro persone.	Reservieren Sie uns bitte für heute abend einen Tisch für 4 Personen.
È libero questo tavolo?	Ist dieser Tisch noch frei?
Mi può dire dov'è la toilette, per favore?	Wo sind bitte die Toiletten?
Per di qui, prego.	Hier entlang, bitte.
Cameriere, il menu, per favore.	Herr Ober/Bedienung, die Speisekarte, bitte.
la lista delle bevande	Getränkekarte
la lista dei vini	Weinkarte

Che cosa mi consiglia?	Was können Sie mir empfehlen?
Avete pietanze vegetariane?	Haben Sie vegetarische Kost?
Prendo …	Ich nehme …
Per antipasto/dessert/secondo prendo …	Als Vorspeise/Nachtisch/Hauptgericht nehme ich …
Per favore, un bicchiere di …	Bitte ein Glas …
Buon appetito!	Guten Appetit!
Alla salute!	Zum Wohl!
Vorrei una tazza di caffè.	Ich möchte eine Tasse Kaffee.
Il conto, per favore.	Die Rechnung, bitte.
Conti separati, per favore.	Wir möchten getrennt bezahlen.
Tutto un conto, per favore.	Alles zusammen, bitte.
Vorrei la ricevuta.	Ich möchte bitte eine Quittung.
È stato di Vostro gradimento?	Hat es Ihnen geschmeckt?
Grazie, era davvero molto buono.	Danke, sehr gut.
La riporti indietro, per favore.	Bitte nehmen Sie es zurück.
mangiare	essen
bere	trinken
l'acqua minerale naturale	Mineralwasser ohne Kohlensäure
gassata	mit Kohlensäure
la birra	Bier
il bicchiere	Glas
la bottiglia	Flasche

Pesce	**Fisch**
frutti di mare	Meeresfrüchte
cozze	Miesmuscheln
gamberetti	Garnelen
granchio	Krabbe
calamari	Tintenfische
carpa	Karpfen
sogliola	Seezunge
salmone	Lachs
tonno	Thunfisch
trota	Forelle

Carni	**Fleisch**
gallina	Huhn
pollo	Hähnchen
anatra	Ente
scaloppine	kleine Schnitzel
saltimbocca	Kalbsschnitzel
tacchino	Truthahn
fagiano	Fasan
frattaglie	Innereien
polpette	Fleischklößchen
bistecca	Steak
braciola	Rumpsteak
fegato	Leber

montone	Hammel
vitello	Kalbfleisch
agnello	Lammfleisch

Pasta	**Nudelgerichte**
Pasta al burro	mit Butter
Pasta al pomodoro	mit Tomatensauce
Pasta al sugo	mit Fleischsauce
Pasta all'arrabbiata	mit Tomatensauce und Chili
Pasta alla carbonara	mit Ei und Bauchspeck
Pasta alla panna	mit Sahne
Pasta al pesto	mit Basilikum, Pinienkernen und Käse
Pasta alla vongole	mit Venusmuscheln
penne	kurze Nudeln
tagliatelle	Bandnudeln
vermicelli	Fadennudeln
lasagne	Teigblätter mit Fleischsauce, überbacken

Verdura	**Gemüse**
gli sparagi	Spargel
gli spinaci	Spinat
le carote	Karotten
i fagioli	Bohnen
i piselli	Erbsen
le patate	Kartoffeln
l'insalata	Salat
il pomodoro	Tomate
il cetriolo	Gurke
gli zucchini	Zucchini
il cavolfiore	Blumenkohl
la cipolla	Zwiebel
le verdure crude	Rohkost

Frutta	**Obst**
la mela	Apfel
la pera	Birne
le fragole	Erdbeeren
i lamponi	Himbeeren
le ciliege	Kirschen
il melone	Melone
la pesca	Pfirsich
l'albicocca	Aprikose
il pompelmo	Pampelmuse
la banana	Banane
le prugne	Pflaumen
il limone	Zitrone
l'arancia	Apfelsine
l'uva	Weintrauben

Modi di cottura	**Zubereitungsarten**
a vapore	gedämpft
arrosto	gebraten
al forno	gebacken
fritto	fritiert
alla brace	gegrillt
al cartaccio	in der Folie gebacken

gratinato	überbacken
Un mucchio di altre cose	**Was es sonst noch gibt**
il latte	Milch
la panna	Sahne
il formaggio	Käse
lo yogurt	Joghurt
le uova	Eier
il burro	Butter
le spezie	Gewürze
l'aglio	Knoblauch
il sale	Salz
il pepe	Pfeffer
lo zucchero	Zucker
l'aceto	Essig
l'olio	Öl
il miele	Honig
il ghiaccio	Eis

Dal panettiere	**Beim Bäcker**
il pane	Brot
il pane misto di segale e frumento	Graubrot
il pane nero	Schwarzbrot
il pane bianco	Weißbrot
i biscotti	Gebäck
la torta	Torte

Kosmetik/Presse/Öffentliche Verkehrsmittel

Was Sie zur Körperpflege brauchen

lo spazzolino da denti	Zahnbürste
il dentifricio	Zahnpasta
il cotone idrofilo	Watte
la crema da barba	Rasiercreme
le lamette	Rasierklingen
i fazzoletti	Taschentücher
il pettine	Kamm
il rossetto	Lippenstift
la saponetta	Seife
l'asciugacapelli	Haartrockner
l'asciugamano	Handtuch
lo shampoo	Haarwaschmittel

All'edicola	**Im Zeitschriftenladen**
il giornale	Zeitung
la rivista	Zeitschrift
Vorrei un giornale tedesco.	Ich hätte gerne eine deutsche Zeitung.
la carta	Papier
la carta da lettre	Briefpapier
la busta	Briefumschlag
la penna a sfera	Kugelschreiber

Mezzi di trasporto	**Öffentliche Verkehrsmittel**
il treno	Zug
la stazione	Bahnhof
l'autobus	Bus
l'aereo	Flugzeug

l'aeroporto	Flughafen
la nave	Schiff
il porto	Hafen
il traghetto	Fähre
Quando parte il prossimo …?	Wann fährt der nächste …?
… l'ultimo …?	… der letzte…?
un biglietto	Fahrkarte
partenza	Abfahrt
arrivo	Ankunft
uscita	Ausgang
entrata	Eingang
ritardo	Verspätung

Assistenza medica
Medizinische Versorgung

Dal medico	**Beim Arzt**
il medico	Arzt
il dentista	Zahnarzt
Ho mal di gola.	Ich habe Halsschmerzen.
Non mi sento bene.	Ich fühle mich nicht wohl.
Mio marito/mia moglie sta male.	Mein Mann/meine Frau ist krank.
Ho fatto un'indigestione.	Ich habe mir den Magen verdorben.
Sono molto raffreddato/a.	Ich bin stark erkältet.
Sono al … mese di gravidanza.	Ich bin im … Monat schwanger.
Ho la pressione alta/bassa.	Ich habe einen hohen/niedrigen Blutdruck.
Ho dei dolori qui.	Hier habe ich Schmerzen.
Non sopporto bene questo clima.	Ich vertrage dieses Klima nicht.
Mi sono ferito/a.	Ich habe mich verletzt.

il braccio	Arm
il malleolo	Knöchel
il cuore	Herz
il dente	Zahn
il ginocchio	Knie
la gamba	Bein
la mano	Hand
il naso	Nase
l'occhio	Auge
l'orecchio	Ohr
la pelle	Haut
il piede	Fuß
la testa	Kopf

la diarrea	Durchfall
il vomito	Erbrechen
la nausea	Brechreiz
la tosse	Husten
il mal di testa	Kopfschmerzen
i disturbi circolatori	Kreislaufstörungen
la lombaggine	Hexenschuss

la scottatura	Sonnenbrand
le vertigini	Schwindel
la pomata	Salbe
la compressa	Tablette
il sonnifero	Schlaftabletten
le gocce	Tropfen
l'analgesico	Schmerzmittel
le bende	Verbandszeug

Wo? Wie? Was? – Orientierung

Wie man nach dem Weg fragt (und die Antwort versteht)

Scusi, dov'è …?	Entschuldigung, wo ist …?
Come si arriva a …?	Wie komme ich nach …?
Come si arriva nel modo più veloce alla stazione?	Wie komme ich am schnellsten zum Bahnhof?
Sempre diritto.	Geradeaus.
A destra.	Nach rechts.
A sinistra.	Nach links.
È questa la strada per …?	Ist das die Straße nach …?

Welche Sehenswürdigkeiten gibt es in der Stadt

il ponte	Brücke
il castello	Schloss
l'anfiteatro	Amphitheater
la fontana	Brunnen
il monumento	Denkmal
il fiume	Fluss
la chiesa	Kirche
il museo	Museum
il municipio	Rathaus
le rovine	Ruine
la cappella	Kapelle
il parco	Park
il palazzo	Palast

Telefonare   Telefonieren

Dov'è che si può telefonare qui?	Wo kann ich hier telefonieren?
Dove posso comprare una carta telefonica?	Wo bekomme ich eine Telefonkarte?
Qual è il prefisso di …?	Wie ist die Vorwahl von …?
Non risponde nessuno.	Es meldet sich niemand.
Provi ancora una volta.	Versuchen Sie es noch einmal.

La camera   Unterkunft

Mi saprebbe dire dove posso trovare una camera?	Wissen Sie, wo ich hier ein Zimmer finden kann?

Cerco un alloggio.	Ich suche eine Unterkunft.
Quanto costa?	Wieviel kostet es?
Mi può fare una prenotazione?	Können Sie für mich dort reservieren?
È lontano da qui?	Ist es weit von hier?
Come ci si arriva?	Wie kommt man dorthin?
Avete una camera doppia/singola libera?	Haben Sie ein Doppelzimmer/Einzelzimmer frei?
Posso vedere la camera?	Kann ich das Zimmer ansehen?
Si può aggiungere un lettino per bambini?	Können Sie ein Kinderbett aufstellen?
il lavandino	Waschbecken
con doccia e WC	mit Dusche und WC
Partiamo domattina.	Wir reisen morgen früh ab.
Prepari il conto, per favore.	Machen Sie bitte die Rechnung fertig.
Mi chiama un taxi, per favore?	Können Sie mir bitte ein Taxi rufen?
il campeggio	Campingplatz
la tenda	Zelt

Il tempo — Wetter

Che tempo farà oggi?	Wie wird das Wetter heute?
Ha già sentito le previsioni del tempo?	Haben Sie schon den Wetterbericht gehört?
Fa/Farà caldo.	Es ist/wird warm.
molto caldo	heiß
freddo/fresco	kalt/kühl
C'è afa/tempesta.	Es ist schwül/stürmisch.
Quanti gradi ci sono?	Wieviel Grad haben wir?
la nuvolosità	Bewölkung
il temporale	Gewitter
il caldo/la pioggia/il sole	Hitze/Regen/Sonne
il vento/la nuvola	Wind/Wolke

I numeri — Zahlen

uno	eins
due	zwei
tre	drei
quattro	vier
cinque	fünf
sei	sechs
sette	sieben
otto	acht
nove	neun
dieci	zehn
undici	elf
dodici	zwölf
tredici	dreizehn
quattordici	vierzehn
quindici	fünfzehn
sedici	sechzehn
diciassette	siebzehn
diciotto	achtzehn
diciannove	neunzehn
venti	zwanzig
trenta	dreißig
quaranta	vierzig
cinquanta	fünfzig
sessanta	sechzig
settanta	siebzig
ottanta	achtzig
novanta	neunzig
cento	hundert
mille	tausend
duemila	zweitausend

L'ora/Il calendario — Zeitangaben/Kalender

Che ore sono?	Wie spät ist es?
Sono le …	Es ist …
adesso	im Moment
oggi	heute
ieri/l'altro ieri	gestern/vorgestern
domani/dopodomani	morgen/übermorgen
di mattina/di pomeriggio/di sera	vormittags/nachmittags/abends
giorno	Tag
settimana	Woche
mese	Monat
anno	Jahr
lunedì	Montag
martedì	Dienstag
mercoledì	Mittwoch
giovedì	Donnerstag
venerdì	Freitag
sabato	Samstag
domenica	Sonntag
gennaio	Januar
febbraio	Februar
marzo	März
aprile	April
maggio	Mai
giugno	Juni
luglio	Juli
agosto	August
settembre	September
ottobre	Oktober
novembre	November
dicembre	Dezember

Bildnachweis

Celentano/laif: S. 4/5, 27, 31
Eid/laif: S. 16, 21, 44, 45, 48, 67
FOTOLIA: apeschi: S. 2, 42; Dave CGN: S. 12, 52; Claudio Colombo: S. 61;
   Gianfranco Coscarella: S. 39; Crazycolors: S. 60; Farida: Schmutztitel (S. 1),
   32; Paul Merrett: Titelbild; Johanna Mühlbauer: S. 54; Herbert Ost: S. 73; Gv
   Ouwerkerk: S. 47; Giuseppe Porzani: S. 51; Angelika Schönhuber: S. 30
Fototeca ENIT/Vito Arcomano: S. 43
Galli/laif: S. 53
Heuer/laif: S. 19, 22, 63, 68
János Kalmár, Wien: S. 36, 79
Markus Kirchgeßner, Frankfurt/M.: S. 11, 29, 41, 50, 55, 65, 70, 81
Standl/laif: S. 49
Vista Point Verlag (Archiv), Köln: 6, 7, 8, 9 o., 9 u., 20, 23, 24, 56, 72 o., 72 u.
www.pixelio.de: S. 33, 34, 35, 38, 58, 62, 84
Zuder/laif: S. 69

Schmutztitel (S.1): Die üblichen »Hochhäuser« in der Cinque Terre:
   Riomaggiore

Konzeption, Layout und Gestaltung dieser Publikation bilden eine
Einheit, die eigens für die Buchreihe der **Go Vista City/Info Guides** entwickelt wurde. Sie unterliegt dem Schutz geistigen Eigentums und darf
weder kopiert noch nachgeahmt werden.

© Vista Point Verlag, Köln
2., aktualisierte Auflage 2011
Alle Rechte vorbehalten
Verlegerische Leitung: Andreas Schulz
Reihenkonzeption: Horst Schmidt-Brümmer, Andreas Schulz
Bildredaktion: Andrea Herfurth-Schindler
Lektorat: Kristina Linke, 2. Auflage: JB Bild|Text|Satz, Köln
Layout und Herstellung: Kerstin Hülsebusch-Pfau
Reproduktionen: Henning Rohm, Köln
© Kartographie: Kartographie Huber, München
Gedruckt auf chlorfrei gebleichtem Papier

ISBN 978-3-88973-799-0

An unsere Leserinnen und Leser!
Die Informationen dieses Buches wurden vom Autor gewissen-
haft recherchiert und von der Verlagsredaktion sorgfältig über-
prüft. Nichtsdestoweniger sind inhaltliche Fehler nicht immer zu
vermeiden. Für Ihre Korrekturen und Ergänzungsvorschläge sind
wir daher dankbar.

VISTA POINT VERLAG
Händelstr. 25–29 · 50674 Köln · Postfach 27 05 72 · 50511 Köln
Telefon: 02 21/92 16 13-0 · Telefax: 02 21/92 16 13 14
www.vistapoint.de · info@vistapoint.de